价格营销学

钟敏龙◎编著

PRICE MARKETING

SPM
南方出版传媒
广东人民出版社
·广州·

图书在版编目（CIP）数据

价格营销学/钟敏龙编著．—广州：广东人民出版社，2019.6
ISBN 978－7－218－13384－3

Ⅰ．①价…　Ⅱ．①钟…　Ⅲ．①市场营销学　Ⅳ．①F713.50

中国版本图书馆CIP数据核字（2019）第042879号

JIAGE YINXIAOXUE
价格营销学
钟敏龙　编著

出 版 人：肖风华

责任编辑：赵世平
封面设计：金刚创意
责任技编：周　杰

出版发行：广东人民出版社
地　　址：广州市大沙头四马路10号（邮政编码：510102）
电　　话：（020）85716809（总编室）
传　　真：（020）83780199
网　　址：http://www.gdpph.com
印　　刷：三河市天润建兴印务有限公司
开　　本：787mm×1092mm　1/16
印　　张：15　　字　　数：170千
版　　次：2019年6月第1版　2019年6月第1次印刷
定　　价：39.80元

如发现印装质量问题，影响阅读，请与出版社（020－85716849）联系调换。
售书热线：（020）83795240

目录
Contents

第二章

价格的变化：让客户感到物超所值 /037

第三章

价格的宿命：注定与营销“相生相伴” /065

第四章

价格的误区：小心价格营销的那些“坑” /085

第五章

价格攻略：轻松玩转价格营销 /113

第一章

价格的本质：数字和金钱的游戏

自古商品皆有价，但很少有人去深究价格的本质。究竟何为价格？价格仅仅是一组数字吗？在定价策略上有什么样的玄机？看透价格的本质，了解价格与营销之间密不可分的关系，这是掌握价格营销这个秘密武器的第一步。

自古商品皆有价

在任何一个交易场合，每一件商品都有它的价格。几乎所有人都会认为价格就是某种产品的价钱，或说值多少钱。那么，价格究竟是什么，它有着什么样的面目？关于价格，最直观最浅显的认识是：价格=价钱+品格。进一步分析，从产品的角度来说，品格=品质+价值，也就是价格=价钱+品质+价值，这才是一种产品完整的价格含义。分开来看，就是品质决定价值，价值决定价钱，每一个产品的价格定位都离不开这三方面的内容，厂家也都是以此为基础，对自己的产品进行一个合理的价格定位。"一分钱一分货"就是这个意思。

然而价格有时候并不是固定的，也不是死板的，而是千变万化、灵活多样的。于是，买方和卖方之间，围绕着价格问题，就发生了各种有趣的博弈游戏，因此也就形成了价格体系。

1. 价格体系的形成

我们在销售过程中通常不能避开的一个话题就是产品的价格与同行价格的比较。无论是直销还是代理，以三吨叉车为例，有多种价格，杭州叉车5.9万元，合力叉车5.75万元，龙工叉车5.5万元，这一系列数据在我们自身或是客户的心中就是我们的价格标杆，如果一旦上浮或者下降就代表价格体系出现了变化。但是，我想说的是这只是一种价格定位，并不是价格体系。价格体系应该是体现在终端消费市场中的，以大多数购买者的成交价格为标准的。这种体系不是客户决定的，也不是工厂决定的，而是直接参与销售的一线业务员决定的。

其实，所谓的价格体系，不过就是一线营销人员的心理底价所形成的。比如，我们在拜访一个客户前，会先设想各种各样的问题和场景，设想最多的就是客户可能的还价和同行的报价，那么我们通常事先会给自己设定一个底线，报价多少，允许客户成交价多少，合同签订价多少等等。那么，未曾销售前，一个价格曲线已经在我们心中形成了，于是我们在与客户交谈的过程中，会不断地诱导着或被客户诱导着自觉往心中事先设定好的价格底线上靠近，最后就会不知不觉在底线上下成交。

有心理学家说过，21 天形成习惯。销售也是如此，当我们每一次都如此重复着这样的报价模式，久而久之，就在我们心中形成了这么一条价格曲线，也就是价格体系。最后，导致我们不敢报高价，不敢与同行竞争，我们习惯性的价格定位就在自己内心的设定中。其实很多客户并不会知道我们的市场销售价格是多少，他们只会习惯于同类产品的价格比较，而不会与很多的客户成交价比较，除了个体消费者，企业型的购买者更是如此。

2. 企业的定价和销售员的职责

当买方与卖方因为价格而产生争议时，应该怎样顺利地解决这个问题?

这里有两个方法，一是用其他问题来吸引客户，不再纠结于价格问题；

还有一种是分解价格。总而言之，就是要让客户觉得他的付出是值得的！

通常来说，企业的定价会有一个“定价目标”，定价目标是企业在对其生产或经营的产品制定价格时，有意识地要求达到的目的和标准。它是指导企业进行价格决策的主要因素。定价目标取决于企业的总体目标。不同行业的企业，同一行业的不同企业，以及同一企业在不同时期、不同的市场条件下，都可能有不同的定价目标。一般企业的定价目标分三种：以获取利润为目标、以提高市场占有率为目标、以应付和防止竞争为目标。

作为销售员来说，我们的职责就是依据企业的定价来销售产品，而不是要求企业制定一个有利于自己销售的价格，价格制定要根据企业的目标来制定。优秀的销售员会做价格，而不是抱怨价格。做价格就是能够较好地控制价格，不做低价格，也不做高价格，价格的控制能力是一个销售员销售水准的直接体现。

但是，几乎每个销售员都会抱怨，销售过程中最大的问题就是价格竞争。其实同行之间的竞争分两种，一种是价格竞争，一种就是非价格竞争。价格竞争是通过降价来使顾客得到同样满足的一种竞争。非价格竞争就是价值竞争，是指为顾客提供更好、更有特色或者更能适应顾客需求的产品和服务的一种竞争。

定价策略：价格可以卖出价值

定价策略是制定整个营销策略过程的一部分。根据公司的目标，定价策略可以分为需求型和竞争型两种。需求型定价策略考虑的是消费者表现出的对商品的强烈需求愿望。消费者对商品需求愿望的不同，价格也随之不同，如果对某种商品的需求特别强烈，其价格也会高很多。反之需求小，价格也会低一些。竞争型价格策略考虑的是竞争对手的问题，如果公司完全依靠竞争来决定价格的话，该价格高于或低于市场预期。

三种常规的定价策略

渗透定价法：使某一新产品占据较大市场份额的一种方法，就是在最初阶段以相对较低的价格来刺激需求。如果该市场显示出很大的价格弹性，低定价就能吸引更多的买主进入市场，渗透定价策略可以开拓意料之外的市场。初期低定价策略也有益于降低实际和潜在的竞争，进而也是保护公司的重要因素。当出现大面积订单积压的时候，公司不能调整价格。只能对促成规模经济、单位生产和经销成本随产量的增加而降低的情况下生产的产品，此策略方可奏效。

撇取定价法：这种策略目的在于从买主身上赚取高额利润。经过一段时间，当高价市场部分趋于饱和时，公司逐渐减价以吸引价格弹性较大的市场部分，特别是在有重要市场壁垒，如专利权、搞开发成本、原材料控制或促销成本长期偏高的情况下，撇取定价策略才能充分发挥效应。初定高价的公司有时还有另两方面的优势：如有定价失误，这种策略还有减价的余地；一旦某产品打开了市场，减价总比涨价容易，高价也可以在消费者和用户心中留下优质产品的印象。

资金速期回收定价法：当公司产品的市场不会持久，或者公司正面临着能否生存的困境时，公司应该倾向于制定一个在短期内而不是较长期限内收回现金的价格。市场条件决定价格应高还是应低。在需求弹性较低且单位生产和经销成本不变时，公司可采取高价策略；在需求弹性较高且单位生产成本下降时，公司可采取低价策略。这样做公司可以最大限度地迅速回收现金。策略的选择取决于公司的目标及对市场状况的了解。

渠道冲突中的价格模型分析——以京东家电为例。

通过理论我们了解到价格战是渠道冲突积累的结果，价格策略左右着价格战，产品定价是个复杂的过程，其中，对价格策略影响较深的因素是渠道冲突中的策略选择。

在市场营销领域，有“价格营销”和“价值营销”两种概念，其实这就是价格竞争与非价格竞争的核心概念。如果从竞争的角度来细细区别这两种概念的话，非价格竞争与价格竞争相比具有以下特征：

（1）非价格竞争是价格竞争的发展和升华，而竞争的最好方式就是避免竞争。因此，当我们遭遇价格竞争时最好的方式就是避开价格竞争，做价值竞争。

（2）非价格竞争是产品单一因素竞争向多因素竞争的转变。低价格竞争主要是因为产品技术含量低和附加值低，企业品牌价值低和企业形象战略弱等。而非价格竞争则更加注重向顾客传达以上这几个方面的优势所在。

（3）非价格竞争促使销售方式从推销观念向营销观念再向竞争观念的转变。推销是销售最早的一种模式，是以产品为中心，处理掉生产出来的产品；营销是以顾客为中心，以满足顾客的消费需求为产品的更新标准；竞争观念是以顾客和竞争对手为中心，在产品定位、研发、信息沟通和营销策略上既要满足顾客的需求，又要能够区别于竞争对手，才能获得利润最大化。

（4）非价格竞争更加注重差异化营销。顾客需求的多样性必然产生市场需求的多样性。差异性策略就是“人无我有、人有我优、人优我先”的策略。从营销的角度就是，我们要根据客户的个性和需求扬长避短、主动出击、另辟蹊径、出奇制胜。

因此，多做价值竞争，少做价格竞争，有益于我们自身的发展，也有益于企业的利润提高，这是一种技巧和战略的竞争，也是营销水准的最高体现。我们要有卖宝马奔驰的水准和品质，而不是卖面包车的低廉和低端。

1. 价格营销中的报价策略

非价格竞争是我们每个人最喜欢也是最希望的一种竞争方式。然而，价格战有时却依然不可避免。价格战是一种最原始、最常见的销售策略，具有杀伤力强、短平快的特点，是绝大多数厂家或业务员最喜欢、最常用的竞争方式。

2. 价格敏感度

价格敏感度通常是决定成交与否或需求量的一个关键所在。价格变化的幅度与基础价格的比例越高，消费者敏感度越高，比例越低，消费者价格敏感度越低。韦伯费特定律显示：顾客对价格的感受更多取决于变化的相对值，而不是绝对值。比如，对于一辆自行车，降价 200 元会有很大吸引力，而对于一辆高级轿车，降阶 200 元也不会引起消费者的过多关注。

这个定律还有一个重要启示：价格在上下限内变动不会被消费者注意，而超出这个范围消费者会很敏感，在价格上限内一点点提高价格比一下子提高价格更容易被顾客接受，相反的，如果一次性将价格降到下限以下，比连续几次小幅度的减价效果更好。因此，这需要我们在与顾客谈判的过程中，试探顾客的价格底线。一般报价以市场参考价为基础，不能高出考核价过多，也不能接近于考核价过低。

通过产品的附加值效应来降低顾客的价格敏感度，比如企业的文化理念、产品的独特优势和服务优势、企业的发展前景、企业的品牌效应等。

几种不同的心理定价策略

每一件产品都能满足消费者某一方面的需求，其价值与消费者的心理感受有着很大的关系。这就为心理定价策略的运用提供了基础，使得企业在定价时可以利用消费者心理因素，有意识地将产品价格定得高些或低些，以满足消费者生理的和心理的、物质的和精神的多方面需求，通过消费者对企业产品的偏爱或忠诚，扩大市场销售，获得最大效益。常用的心理定价策略有整数定价、尾数定价、声望定价和招徕定价。

1. 整数定价

对于那些无法明确显示其内在质量的商品，消费者往往通过其价格的高低来判断其质量的好坏。但是，在整数定价方法下，价格的高并不是绝对的高，而只是凭借整数价格来给消费者造成高价的印象。整数定价常常以偶数，特别是“0”作尾数。例如，精品店的服装可以定价为1000元，而不必定为998元。这样定价的好处：（1）可以满足购买者炫耀富有、显示地位、崇尚名牌、购买精品的虚荣心；（2）省却了找零钱的麻烦，方便企业和顾客的价格结算；（3）花色品种繁多、价格总体水平较高的商品，利用产品的高价效应，在消费者心目中树立高档、高价、优质的产品形象。

整数定价策略适用于需求的价格弹性小、价格高低不会对需求产生较大影响的商品，如流行品、时尚品、奢侈品、礼品、星级宾馆、高级文化娱乐城等，由于其消费者都属于高收入阶层，也甘愿接受较高的价格，所以，整数定价得以大行其道。

2. 尾数定价

又称“奇数定价”“非整数定价”，指企业利用消费者求廉的心理，制定非整数价格，而且常常以奇数作尾数，尽可能在价格上不进位。比如，把一种毛巾的价格定为2.97元，而不定3元；将台灯价格定为19.90元，而不定为20元，可以在直观上给消费者一种便宜的感觉，从而激起消费者的购买欲望，促进产品销售量的增加。

使用尾数定价，可以使价格在消费者心中产生三种特殊的效应：

（1）便宜。标价 99.97 元的商品和 100.07 元的商品，虽仅相差 0.1 元，但前者给购买者的感觉是还不到“100 元”，后者却使人认为“100 多元”，因此前者可以给消费者一种价格偏低、商品便宜的感觉，使之易于接受。

（2）精确。带有尾数的定价可以使消费者认为商品定价是非常认真的、精确的，连几角几分都算得清清楚楚，进而会产生一种信任感。

（3）中意。由于民族习惯、社会风俗、文化传统和价值观念的影响，某些数字常常会被赋予一些独特的涵义，企业在定价时如能加以巧用，则其产品将因之而得到消费者的偏爱。例如，我国南方某市一个号码为“9050168”的电话号码，拍卖价竟达到十几万元，就是因为其谐音为“90年代我一定一路发”。当然，某些为消费者所忌讳的数字，如西方国家的“13”、日本国的“4”，企业在定价时则应有意识地避开，以免引起消费者的厌恶和反感。

在实践中，无论是整数定价还是尾数定价，都必须根据不同的地域而加以仔细斟酌。比如，美国、加拿大等国的消费者普遍认为单数比双数少，奇数比偶数显得便宜，所以，在北美地区，零售价为 49 美分的商品，其销量远远大于价格为 50 美分的商品，甚至比 48 美分的商品也要多一些。但是，日本企业却多以偶数，特别是“零”作结尾，这是因为偶数在日本体现着对称、和谐、吉祥、平衡和圆满。当然，企业要想真正地打开销路，占有市场，还是得以优质的产品作为后盾，过分看重数字的心理功能，或流于一种纯粹的数字游戏，只能哗众取宠于一时，从长远来看却于事无补。

3. 声望定价

这是根据产品在消费者心中的声望、信任度和社会地位来确定价格的一种定价策略。声望定价可以满足某些消费者的特殊欲望，如地位、身份、财富、名望和自我形象等，还可以通过高价格显示名贵优质，因此，这一策略适用于一些传统的名优产品、具有历史地位的民族特色产品，以及知名度高、有较大的市场影响、深受市场欢迎的驰名商标。比如，台湾宝丽来太阳镜价格高达 240 ~ 980 元，我国的景泰蓝瓷器在国际市场价格为 2000 多法郎，都是成功地运用声望定价策略的典范。

为了使声望价格得以维持，需要适当控制市场拥有量。英国名车劳斯莱斯的价格在所有汽车中雄踞榜首，除了其优越的性能、精细的做工外，严格控制产量也是一个很重要的因素。在过去的 50 年中，该公司只生产了 15000 辆轿车，美国艾森豪威尔总统因未能拥有一辆金黄色的劳斯莱斯汽车而引为终生憾事。

但是，声望定价必须非常谨慎。20 世纪 70 年代末，我国某企业将出口到欧美的假发提价两至三倍，销路迅速下降，大部分市场被日本、韩国的企业抢去。

4. 招徕定价

招徕定价是指将某几种商品的价格定得非常之高，或者非常之低，在引起消费者的好奇心理和观望行为之后，带动其他商品的销售。这一定价策略常为综合性百货商店、超级市场、高档商品的专卖店所采用。

招徕定价运用较多的是将少数产品价格定得较低，吸引顾客在购买“便宜货”的同时，购买其他价格比较正常的商品。美国有家“99美分商店”，不仅一般商品以99美分标价，甚至每天还以99美分出售10台彩电，极大地刺激了消费者的购买欲望，商店每天门庭若市。一个月下来，每天按每台99美分出售10台彩电的损失不仅完全补回，企业还有不少的利润。将某种产品的价格定得较低，甚至亏本销售，而将其相关产品的价格定得较高，也属于招徕定价的一种运用。比如，美国柯达公司生产一种性能优越、价格极廉的相机，市场销路很好。这种相机有一个特点，即只能使用“柯达”胶卷。“堤内损失堤外补”，销售相机损失的利润由高价的柯达胶卷全部予以补偿。

在实践中，也有故意定高价以吸引顾客的。珠海九州城里有种3000港元一只的打火机，引起人们的兴趣，许多人都想看看这“高贵”的打火机是什么样子。其实，这种高价打火机样子极其平常，虽无人问津，但它边上3元一只的打火机却销路大畅。

值得企业注意的是，用于招徕的降价品，应该与低劣、过时商品明显地区别开来。招徕定价的降价品，必须是品种新、质量优的适销产品，而不能是处理品。否则，不仅达不到招徕顾客的目的，反而可能使企业声誉受到影响。

价格营销中的“折扣定价”

折扣定价是指对基本价格做出一定的让步，直接或间接降低价格，以争取顾客，扩大销量。其中，直接折扣的形式有数量折扣、现金折扣、功能折扣、季节折扣，间接折扣的形式有回扣和津贴。

1. 数量折扣

数量折扣指按购买数量的多少，分别给予不同的折扣，购买数量愈多，折扣愈大。其目的是鼓励大量购买，或集中向本企业购买。数量折扣包括累计数量折扣和一次性数量折扣两种形式。累计数量折扣规定顾客在一定时间内，购买商品若达到一定数量或金额，则按其总量给予一定折扣，其目的是鼓励顾客经常向本企业购买，成为可信赖的长期客户。一次性数量折扣规定一次购买某种产品达到一定数量或购买多种产品达到一定金额，则给予折扣优惠，其目的是鼓励顾客大批量购买，促进产品多销、快销。

数量折扣的促销作用非常明显，企业因单位产品利润减少而产生的损失完全可以从销量的增加中得到补偿。此外，销售速度的加快，使企业资金周转次数增加，流通费用下降，产品成本降低，从而导致企业总盈利水平上升。

运用数量折扣策略的难点是如何确定合适的折扣标准和折扣比例。如果享受折扣的数量标准定得太高，比例太低，则只有很少的顾客才能获得优待，绝大多数顾客将感到失望；购买数量标准过低，比例不合理，又起不到鼓励顾客购买和促进企业销售的作用。因此，企业应结合产品特点、销售目标、成本水平、资金利润率、需求规模、购买频率、竞争者手段以及传统的商业惯例等因素来制定科学的折扣标准和比例。

2. 现金折扣

现金折扣是对在规定时间内提前付款或用现金付款者所给予的一种价格折扣，其目的是鼓励顾客尽早付款，加速资金周转，降低销售费用，减少财务风险。采用现金折扣一般要考虑三个因素：折扣比例；给予折扣的时间限制；付清全部货款的期限。在西方国家，典型的付款期限折扣表示为“3/20，Net60”。其含义是在成交后20天内付款，买者可以得到3%的折扣，超过20天，在60天内付款不予折扣，超过60天付款要加付利息。

由于现金折扣的前提是商品的销售方式为赊销或分期付款，因此，有些企业采用附加风险费用、管理费用的方式，以避免可能发生的经营风险。同时，为了扩大销售，分期付款条件下买者支付的货款总额不宜高于现款交易价太多，否则就起不到“折扣”促销的效果。

提供现金折扣等于降低价格，所以，企业在运用这种手段时要考虑商品是否有足够的需求弹性，保证通过需求量的增加使企业获得足够利润。此外，由于我国的许多企业和消费者对现金折扣还不熟悉，运用这种手段的企业必须结合宣传手段，使买者更清楚自己将得到的好处。

3. 功能折扣

中间商在产品分销过程中所处的环节不同，其所承担的功能、责任和风险也不同，企业据此给予不同的折扣称为功能折扣。对生产性用户的价格折扣也属于一种功能折扣。功能折扣的比例，主要考虑中间商在分销渠道中的地位、对生产企业产品销售的重要性、购买批量、完成的促销功能、承担的风险、服务水平、履行的商业责任以及产品在分销中所经历的层次和在市场上的最终售价等。功能折扣的结果是形成购销差价和批零差价。

鼓励中间商大批量订货，扩大销售，争取顾客，并与生产企业建立长期、稳定、良好的合作关系是实行功能折扣的一个主要目标。功能折扣的另一个目的是对中间商经营的有关产品的成本和费用进行补偿，并让中间商有一定的盈利。

4. 季节折扣

有些商品的生产是连续的，而其消费却具有明显的季节性。为了调节供需矛盾，这些商品的生产企业便采用季节折扣的方式，对在淡季购买商品的顾客给予一定的优惠，使企业的生产和销售在一年四季能保持相对稳定。例如，啤酒生产厂家对在冬季进货的商业单位给予大幅度让利，羽绒服生产企业则为夏季购买其产品的客户提供折扣。

季节折扣比例的确定，应考虑成本、储存费用、基价和资金利息等因素。季节折扣有利于减轻库存，加速商品流通，迅速收回资金，促进企业均衡生产，充分发挥生产和销售潜力，避免因季节需求变化所带来的市场风险。

5. 回扣和津贴

回扣是间接折扣的一种形式，它是指购买者在按价格目录将货款全部付给销售者以后，销售者再按一定比例将货款的一部分返还给购买者。津贴是企业为特殊目的，对特殊顾客以特定形式所给予的价格补贴或其他补贴。比如，当中间商为企业产品提供了包括刊登地方性广告、设置样品陈列窗等在内的各种促销活动时，生产企业给予中间商一定数额的资助或补贴。又如，对于进入成熟期的消费者，开展以旧换新业务，将旧货折算成一定的价格，在新产品的价格中扣除，顾客只支付余额，以刺激消费需求，促进产品的更新换代，扩大新一代产品的销售。这也是一种津贴的形式。

上述各种折扣价格策略增强了企业定价的灵活性，对于提高厂商收益和利润具有重要作用。但在使用折扣定价策略时，必须注意国家的法律限制，保证对所有顾客使用同一标准。如美国 1936 年制定的《罗宾逊帕特曼法》规定，折扣率的计算应以卖方实现的成本节约数为基础，并且卖方必须对所有顾客提供同等的折扣优惠条件，不然就是犯了价格歧视罪。

在营销行为中，价格贯穿始终

在营销活动的过程中，价格谈判贯穿始终，很多人认为报价是一次性的，其实整个报价过程有好几步。在客户的心里每购买一件产品，都有两种价格，一是期望价，就是他最希望获得的成交价格，也就是客户的底价；二是拒绝价，就是在客户拒绝卖者所报的一种价格。所以营销人员与客户的成交价格一般就在期望价和拒绝价之间获得平衡。但是优秀的销售员在与客户初步接洽时，一般不会首先报价，而会通过彼此的沟通和试探先去获取客户的心理信息，刺探客户的真实购买意图和价格底线。这样才有助于营销人员的报价，不会因为过高失去客户的信任，也不会因为过低失去自己的利益。

1. 阶梯报价营销技巧

一般价格谈判分几个时间段，第一次初步接触，首次报价，试探顾客的反应，一般这个时候顾客也会试探性问你，价格能不能少？切忌，首次报价，让价绝对不能很多，如果你经不起顾客的试探，一下子将价格降下来，顾客就会对你产生不信任和怀疑，必然导致转向其他品牌的产品咨询，甚至以高于你的价格购买。

二次报价，第一次报价是一个咨询和了解的过程，顾客一般不会当天决定，数天后顾客可能会再次约你谈判，或者你主动上门了解顾客反应，这时顾客会比较认真地与你谈价格，这时你让价幅度和让价步骤不能太快。先是要控制在第一次的让价幅度上，再小额度地让价，或是试探客户这次能不能决定当场成交，如果能可以上报公司申请。如果顾客说需要请示或者出价后再考虑，那么你必须用语言技巧回答，同时为下次谈判埋下伏笔。不拒绝、不模糊，客户通常都会默许你的回答。

三次报价，这时有很多客户会用成交来欺骗你，说如果价格能定，我们就可以签合同了。但是大多数时候，当我们经不住诱惑答应了客户的价格，客户往往又会以其他理由延缓签订合同了，比方说等老板回来，或者说明天、下次等。一旦这样的情况出现后，我们大多数会丢单，顾客这时无非就是在试探你的价格底线，说不定用你的价格来打压其他品牌的价格，以达到他心中的需求，而我们不过成了一个牺牲品。

成交报价，这才是真正的成交价。当我们抵制住了顾客的诱惑和陷阱之后，不要惧怕丢单，我们必须有这么一个理念，不做价格竞争的牺牲者，不以牺牲价格来促成销售。我们必须明确而坚定地告诉他，NO或不行。

有自尊、有骨气、有自信的销售员会赢得顾客的尊重和信任。这样，顾客才有可能反而倾向于我们的品牌，相信这是我们的底价。

我们的回答必须要有技巧。而最后成交时，有时为了满足顾客的一点虚荣心和面子，我们也必须得适时让步，让出一点价格来，以促进成交，而不能做死事，这样的话如果伤了一些老板的自尊心，反而会达到相反的效果而丢单。

从第一次报价到最后成交价，切记，让价的幅度不能过大，让价的速度不能太快，要保持逐步让价、小额让价，让价必须控制在自然合理且必须在能让顾客产生信任的接受度之内，如果让价幅度过大则会使客户怀疑我们的价格让利空间，从而丧失对我们品牌和营销人员的信任感，影响成交。

2. 价格中的营销心理学

营销的过程也是一个心理战的过程，与顾客谈判的过程就是彼此的心理承受力的考验过程，谁先忍不住降价，谁先忍不住让步，谁就是失败者，反之就是成功者。我们必须培养自身坚韧的心态，也要揣摩客户的心理变化。报价要考虑消费的个体差异，比如年龄、产品知识度、消费者的身份、消费者对价格变化的期望、消费者对产品价值的感知、消费者实付成本和机会成本的感知等。

与客户谈判前，要从顾客办公室的布置来揣摩顾客的喜好，从而为找寻共同语言获得机会，增加客户的好感度和亲和力，从而给自己在顾客心中树立一个较好的形象。

这些心理活动贯穿整个营销过程，有的顾客会碍于在谈判过程中对你树立的好感和亲密关系，从而将价格放在了影响成交因素的次要位置。

还有一种非常重要的情况，要求我们营销员必须准确地把握，那就是客户的暗示。比如采购人员的回扣，这在营销学中称为“灰市场营销”或“灰色营销”，一般分为“先付款后给回扣、先给回扣后付款、付款时客户直接扣下回扣、同时付款和给回扣”。如果回扣金额不大的话，我们应当采取“先给回扣后付款”的方式，这样可以减少我们在销售过程、交货过程中的许多麻烦和担心，而且能够保证顺利成交和付款。

总之，产品和企业之间的竞争最后都会通过价格体现出来，如何控制价格竞争、体现非价格竞争、掌握顾客的价格感知度、熟悉顾客的购买心理，通过自身优秀的营销技巧，我们才能很好地利用价格杠杆来实现营销目标。我们唯有通过产品本身和营销技巧来营销消费者的消费心理，影响消费者的价格感知度和价格敏感度，适时降低或提高他们对价格的感知和敏感度，这是一种价格策略艺术性的展现。

饥饿营销是价格营销的好伙伴

价格营销的指向性在众多的营销策略中来说都是相对明确的，它顾名思义就是以商品价格为讨论主体，制定最恰当的价格，实现最优销售结果。与之相比，饥饿营销的意义则不容易被大众所把握和理解。中国的消费者最早知道“饥饿营销”这个名词，还得从苹果手机进入中国市场开始，那时候，消费者们尚且没能很清晰地体验到饥饿营销的魅力。在随后的几年里，手机市场上异军突起的小米手机，则用自己惊人的成长速度向全国的同行及消费者们充分展示了饥饿营销的强大力量。

饥饿营销与价格营销一样，在营销的学问里，作为独立的讨论对象的时间并不算长，但长久以来的实践告诉我们，这两个独立的个体，它们有着极为深刻的联系。

让我们从真实的案例说起。早在苹果手机尚未正式登陆中国市场，甚至是国外市场时，乔布斯的推广团队就向全世界的消费者传达了“他们正在做一部手机”的信息，而这部手机显然是十分特殊的。在苹果正式面世前的一年里，各个论坛、微博、社区等网络平台关于这部手机的讨论一直都是火热的，直到2007年苹果手机终于诞生了，接下来的事情验证了管理大师鲁德克所说的“市场营销的目标是使营销成为多余”的伟大销售情境。

苹果手机的营销无疑是成功的，那么在这一过程中，价格营销是如何与它发生联系的呢？这一点还是得先从“造势”说起。苹果手机首先以“时尚定位”来锁定目标受众，即年轻消费者，然后在年轻人聚集的网络平台上发布手机外形、功能等信息，挑起话题，使这一拨网络活动主力军自主开展热烈的讨论，讨论越多关于苹果手机的信息量越大。最后的落脚点在于，这样一部全新的高端智能机，它的价格是多少呢？

在消费者翘首以待的时候，iPhone 4 以不足 4000 元的定价被消费者欣然接纳了。虽然这个价格依然高出当时的很多智能机，但苹果公司的产品向来价高。举个例子，当时要买一台苹果电脑，其配置最低的款也需要几千到上万元，也就是说，在当时来算，买一台苹果电脑的钱可以买两三部 iPhone 4，但同比的情况下，当时买三星最贵的智能机已经可以买一部三星的电脑了。结论是，iPhone 4 的价格是苹果电脑的 1/3，但三星手机的价格已经赶超三星电脑了。因此，iPhone 4 的价格是合理的，而价格营销的关键点之一就是要给商品制定合理的价格。

再说说饥饿营销的另一个代表——小米手机。

在广大同行眼中，雷军简直就是饥饿营销的最佳践行者！但笔者认为，雷军不光懂得饥饿营销的内涵，他更懂得价格营销的奥妙。在手机市场已经被苹果及其他智能机抢占得不留一丝缝隙的情况下，谁想来掺一脚都是要冒很大风险的。但是雷军偏偏就敢冒这个险，并且他还成功了。面对雷军看似来得如此容易的成功，诸多同行心头泛起嫉妒的酸水，他们认为雷军完全是“玩弄了饥饿营销的鬼把戏”才侥幸成功。这是自身能力及魄力不够的 loser 们恶意的揣度，但同时，业内也有不少人肯定了雷军的做法，他们认为小米手机短短几年间就能举世瞩目并且为自己赢得一大批忠实粉丝，最关键的还是它“高配低价”的做法。雷军的成功在很大程度上来讲是走了“物美价廉”这样一个千古不变的双赢路线，即让顾客赢得可心商品的同时，自己也赢得了客户。

与苹果手机采取的做法一致，在小米手机尚未问世前，雷军的团队便开始疯狂造势，网络上满是小米的配置和硬件设备是如何如何高端，而它的价格只需要 1999 元的信息。1999 元！这与苹果手机或其他高端智能机动辄四五千的高价相比，可谓“划算极了”！我们不得不说，雷军走了一招“价格棋”。市场已经饱和了，什么能够快速获取受众的青睐呢？低价、高质，这两个条件不论放在哪个时代都是不变的硬道理，谁不想花更少的钱买到更好的产品呢？

在以上分析中，我们多次提到了价格的问题，不论是饥饿营销，还是价格营销都无法脱离“制定适当的价格”这一条件而成功运营，从另一种角度上来讲，价格营销是饥饿营销的好伙伴。

除此之外，无论苹果手机还是小米，他们都采取了类似的“限购”“限时”做法，这一点与价格营销也有着异曲同工之效。所谓价格营销，并不是一味的低价，而是结合产品特性、受众特性以及市场环境变化，制定一个最合情合理且让消费者感到舒适的价格。采取这种定价法的产品往往具有一定的时效性，或者产品本身的产量是有限制的。比如某高端产品在 20 周年庆的时候决定展开一次回馈客户的行动，他们将一部分商品的定价调低，以一个平时绝对不可能卖出的低价回馈客户，以报答新老客户对自己多年的支持。那么这一部分作为“报答”的高端低价产品当然不会是无限量的，如果无限量地低价销售，商家的运营和发展无疑会受到很大的挑战或打击。

因此，“限购”“限时”并不是饥饿营销的专利，价格营销也需要如此。随着苹果手机与小米手机的热销，越来越多的业内人士给出了专业的评价和分析，我们已经知道苹果的运营商以及雷军并没有故意控制自己的产量，同为高端手机，他们面临着“产能不足”这个客观的现实，因此才有了后面一系列的“饥饿”状态。因此，饥饿营销中的种种“限制购买”与价格营销中的“特定回馈商品”是一样的。价格营销也伴随了一定的“饥饿”状态，故而饥饿营销也是价格营销的好伙伴。

随着市场经济突飞猛进的多元化发展，营销的思想、策略和实施也在不断地发展和进化，任何一种营销手段都不可能在某一件商品的销售中始终执行，就好比如果只懂得“限量生产”而不懂得“价格适当”，让消费者感受不到来自商家的善意和亲切，那么消费者也将无法给予商家想要的忠诚和拥护。因此，营销的思想必须宽广而灵活，特定的时期，更应该巧妙运用多种营销方式，使其相辅相成以获得最佳的销售效果。

立足长远，制定价格规划

市场上的商品虽五花八门、千姿百态，但价格是商品价值的货币表现。作为厂商，都希望自己的商品能够卖个好价钱，能否如愿取决于厂商定价的成败。因此，厂商在对商品进行价格决策时，面对相互联系、相互渗透的市场环境，应全面了解信息、善于进行预测、做到兼顾目前与长远，并在定价实践中细心揣摩其奥妙。

1. 知己知彼，掌握信息

“知己知彼，掌握信息”，就是要求厂商对外部经营环境和内部条件做到心中有数，以及时、准确、可靠的信息为依据，制定其商品价格，以便争取主动、取胜对手。了解情况、掌握信息，是厂商定价的起码条件，是保证定价决策正确合理的前提。

美国太麦克斯公司原是一家生产军用信管计时器的小厂商，它于1950年开始进入手表制造业。在进入手表市场前，该公司对手表市场进行了较为深入的调查与研究。根据调查，它得到手表消费由富裕阶层延伸到广大劳动阶层，乃至大、中、小学生，需求量不断增长的信息，因而认为手表这种商品，虽然市场竞争激烈，但其市场容量很大，具有广阔的发展前景。同时，太麦克斯公司又对竞争对手进行分析，瑞士手表厂家以生产机械手表为主，一贯价格较为昂贵；日本手表厂家以生产电子手表和石英手表为主，价格也不低。在分析市场和竞争对手的情况后，太麦克斯公司对自身生产设备、技术状况和人员素质进行了分析，认为如果将自己的军工产品定时信管的精密加工技术和高度机械化技术结合起来，再运用现代的科学技术原理，便可生产出一种比瑞士、日本产品更有竞争力的廉价手表。为此，该公司选择以低价吸引消费者、扩大市场占有率为定价目标。

为了实现这一目标，太麦克斯公司对手表进行精心设计，在国际市场上出售的手表，通常有120个零件，安装在5块夹板上，该公司研制的手表却只有 98 个零件，安装在 2 块夹板上；外国手表一般用 31 个螺钉，而该公司的手表仅用 4 个螺钉。此外，该公司的手表采用硬质合金轴承，代替原用的宝石轴承，在制作过程中严格加工标准和零件的互换性，决不让琐碎的手工调试出现。这些改进与设计，在保证手表质量的前提下，使手表的生产成本大大降低，为其以低廉的价格占领市场打下了良好的基础。20 世纪 50 年代，该公司最初投入市场的男式手表每块定价为 7 美元，尚不到外国同类手表售价的一半。1963 年，该公司生产的电子手表，售价为 30 美元左右，也仅为市场同类产品价格的一半。20 世纪 70 年代初期，日本、瑞士、美国的一些公司生产的石英表，售价一般在 400 美元左右，而该公司于 1972 年 4 月首次推出石英手表时，其售价才定为 125 美元。由于该公司一贯坚持以低价拓展市场，对低收入者和为数众多的学生产生了强大的吸引力，其产品深受他们的欢迎。如今，该公司已成为世界闻名的手表制造公司，工厂遍及世界各地，年销售额达 2 亿多美元。在美国市场上每出售两块手表，就有一块是该公司的产品。

太麦克斯公司对手表产品的定价实践表明，在当今激烈的商战中，厂商要为自己的商品或劳务制定出一个既有利于自身经营，又有利于提高其商品或劳务的竞争能力的价格，就必须知己知彼，对经营环境和内部条件做到心中有数。敢于捕捉信息，并根据所掌握的信息，采取行动，及时做出最佳的定价决策，才能高人一筹，战而胜之。

2. 能预则立，把握未来

“能预则立，把握未来”就是要求厂商时刻注意观察和了解自身的实力、生产经营状况、财务收支情况、外部资源供应、资金来源、市场需求、竞争对手价格、消费者对厂商产品价格的反映及其交互作用情况，并据此预测其对自己定价的影响，以便选择适当的定价目标，做出相应的定价决策，做到有备无患，在激烈的市场竞争中立于不败之地。厂商要适应未来市场的变化，就应通过预测提高定价工作的预见性，做出有远见的定价决策。

早在20世纪40年代，威尔逊就从父亲的手里继承美国塞洛克斯公司。有一天，一位德国籍发明家约翰·罗梭来访，向威尔逊谈到自己正在研究的干式复印机。威尔逊凭他那敏锐的经商触角，根据当时所流行的复印机都是湿式的，操作很不方便的情况，认为这种新产品必能促进塞洛克斯公司的发展。于是，两人一拍即合，同意双方合伙协作。

经过反复研制，塞洛克斯公司终于生产出干式复印机成品——塞洛克斯914型复印机。当时市面上所有的复印机都是湿式的，使用前必须用专门的涂过感光材料的复印纸，印出的是湿漉漉的文件，需要它干透才能取走，用起来麻烦极了。相比之下，干式复印机则便利得多。于是，威尔逊根据其对市场的预测，将这种复印机的卖价定为每台29500美元，其实这种复印机当时每台的成本仅为2400美元。这种高于成本10倍的高定价，一下子把副总经理罗梭惊呆了。威尔逊却信心百倍地说："我不出售成品，而是出售品质和服务，这就够了。"由于这种复印机具有它独特的性能，消费者莫不渴望能用上这种奇特的机器。然而威尔逊早已获得了复印机的生产专利权，"只此一家，别无分店"。因而当威尔逊把新型复印机以出租服务的形式推出时，顾客顿时蜂拥而至。尽管租金不低，由于受以前定价很高的潜意识的影响，顾客仍然认为值得。与此同时，威尔逊仍坚信自己的预测，认为干式复印机肯定会取代湿式复印机，所以也不降低价格。

到1960年，干式复印机凭性能的绝对优势，在市场上流行起来，威尔逊的黄金时代到了。虽然公司拼命生产，但产品仍然供不应求。由于产品被塞洛克斯公司独家垄断，世界各地需求甚切，加上已有过的高额租金，所以塞洛克斯914型复印机最终又得以高价出售，巨额利润像潮水一样滚滚涌来。1960年，该公司营业额为3300万美元，市场占有率达15%，到1964年，营业额上升到5.3亿美元，被美国《财富》杂志评为发展最快的公司。

威尔逊从成功研制出干式复印机，到该产品的畅销，竟忍耐长达14年之久。在漫长的岁月里，他既不卖专利，也不降价出售，其原因是他的定价是建立在准确的预测基础之上。之后的事实完全证实了他的预测，达到了预期的目的，获得了巨大的成功。塞洛克斯公司根据预测对复印机定高价的实践表明，厂商要有效地进行定价决策，就必须全面掌握、认真分析、综合运用过去和现在的有关信息资料，对商品价格的未来动态进行科学预测。只有这样，才能为厂商提供依据，保证定价的科学性，防止定价的失误。没有科学的预测，厂商定价必然六神无主，任何风吹草动都会使其定价决策左右摇摆。

放眼全局，用价格占领市场

价格营销要掌握“趋利避害，着眼全局”的原则。也就是说，要求厂商从实际出发、从厂商经营的战略高度以及厂商发展的全局出发，用发展的眼光看问题，根据厂商的经营目标和整体利益来选择定价目标、制定商品价格，把眼前利益与长远利益、局部利益与全局利益有机地结合起来，做到谋划全局，着眼未来，使厂商航船在市场经济的海洋里乘风破浪，直挂云帆。

1955 年，日本索尼公司试制成功了第一代晶体管收音机。这种收音机体积虽小，但与原来社会上通用的笨重的真空管收音机相比，性能却大大提高了，而且也非常适用。考虑到日本是个资源小国，而且当时市场容量也不大，所以产品只有出口才能有所作为。公司创始人盛田昭夫决定把新产品首先攻入美国大市场。经过艰难的推销工作，新产品的订单越来越多。

有一次，一位客商一次要订 100000 台晶体管收音机。100000 台在当时是个极大的数字，因为索尼公司当时的年产量也不及这个数目。如果接受这批订货，那么生产规模就必须扩大一倍，可是公司如果筹款扩大生产规模后，若不再有大量订货，那么就很可能导致起步不久的公司破产。那么，如何才能吸引客户又使客户以公司当时最有利的方式订货，并使订货长期而且稳定增加呢？盛田昭夫想了又想，决定在定价上打主意。他根据公司的生产情况，设计了一个价格“U”型曲线：按原定价格接受 5000 台订货，曲线由此开始；接受 10000 台订货，价格降低；超过 10000 台订货时，价格更高。这样引导订户接受对双方有利的10000台订货数量。

这种定价方法和一般的定价方法是完全不一样的。一般定价方法是订货数越多，单价就越低。但是，这种定价方法很容易使厂商在建立时造成盲目投资，盲目扩大生产规模，造成生产忽上忽下的不稳定现象，严重的可能导致厂商倒闭。索尼公司的曲线定价，却能使产品价格、市场与公司自身的生产情况相吻合，避免了在创业初期超出自身能力扩大生产规模，为企业的平稳发展创造了条件。

索尼公司曲线定价的实践表明，一个厂商在将其产品推向市场时，并非是定价越高越好，而应将自身内部条件与外部环境有机地结合起来，实现两者的动态平衡。这就要求厂商在进行定价决策时要站得高，看得远，综观全局，从长计议，趋利避害，最大限度地发展企业。只有这样，才能使厂商克服其在经营活动中的短期价格投机心理，不为市场的暂时现象所左右，不以眼前利益而沾沾自喜，而始终以主动的姿态驾驭市场，在竞争中异军突起，扬帆竞渡，创造奇迹。

厂商在制定或调整商品价格时，以提高商品在市场上的占有率作为目标，用较低的价格来吸引消费者，从而蚕食已被瓜分或竞争者占有的市场，扩大其商品的市场占有份额。瑞士手表厂商在经历市场被人蚕食的痛苦之后，就曾以提高市场占有率作为定价目标，重新夺回手表王国的宝座。

瑞士曾经是举世闻名的手表王国，生产的机械手表，一度在全世界拥有40%的市场占有率。然而1970年以后，日本以石英表和电子表横扫全球，精工表、星辰表、卡西欧表取代了浪琴、欧米茄、天俊表，瑞士手表王国的美誉与风光一落千丈，几乎成了明日黄花。

手表的生产和外销一向是瑞士经济的支柱，经此打击，当然亟思反扑。尤其是生产浪琴和欧米茄表的两家公司，受到破产和解散的威胁，深知不创新即死亡的道理，便联合起来共谋起死回生、反败为胜之策，于是一种取名为SWATCH的新手表在万方瞩目下问市了。瑞士手表界对此寄予厚望，希望它能从日本手表厂商那里夺回市场。为此，该手表的生产厂商以提高其市场占有率作为定价目标，根据日本手表的市场价格情况，将SWATCH这种以质地坚硬的塑胶为外壳，电池可以更换，并且防震、防水的优质手表，每只定价为25~30美元。结果这种手表一上市，便出现热销，在美国上市初期每月的销量达10万只，瑞士也因此在短短两年时间内夺回手表王国的宝座，扭转了整个颓势。

从瑞士手表厂商的定价实例看，选择提高市场占有率作为定价目标，大多用较低的商品价格来吸引消费者，从而达到提高商品市场占有率的目的。这样做可能损失部分短期利润，但从长远来看，厂商最终将获得由于市场占有率提高而增加的长期利润。一般来说，当价格竞争成为厂商市场营销的主要因素时，适当降价可以吸引顾客，提高商品的市场占有率。不过，以扩大市场占有率为定价目标，要使厂商能够保持适当的利润水平。否则，为了提高市场占有率，不惜血本猛降价格，虽然有可能挤垮竞争对手，但给自己所带来的只是“无利润的繁荣”，一旦市场需求发生变化，一旦又有国外厂商进占市场，则会使自己处于一种进退两难的尴尬境地。

与客户争夺价格的主导权

价格是整个营销流程中非常关键的一个环节，一名经验丰富的营销人员，往往和客户能在一个融洽的氛围中，一边喝着咖啡，一边微笑谈判，一边礼尚往来，一边暗藏刀光。与客户讨价还价是一个艰苦的过程，但同时又是一个非常有成就感的过程，我们就是要在一个愉悦的交流过程中达成交易，达成我们的目标。

用一句话来总结："谁是价格的主导者，谁就是成功的王者。"

1．客户最关注的往往是价格

不管是我们自己亲身经历的销售活动还是看到别人的销售活动，都可以看到营销人员与客户之间因价格而有所争议。客户最喜欢的就是与卖家还价，即便有时候营销人员已经把价格降到最底线了，但客户对这样的价格仍然会觉得不满意，仍然会有异议。比如："怎么价格这么高，哪买得起啊……""好贵，感觉不太合算……""我看其他公司的报价要比你们的低很多呀……""如果还能再便宜一点，我可能会买……"

由此可见，客户在销售活动中最在意的问题还是价格问题，因为在客户提出的那些反对意见中，其实大部分的用意都是为了想要压低价格而做的铺垫。而且，有很多优秀的营销人员都说，如果客户越希望与你达成成交，他们对价格的高低就会越在意。

所以，当客户因价格原因而不断向你提反对意见时，营销人员不要因此而觉得担忧，要觉得高兴才对。因为当客户开始因为价格问题而愿意与你进行协商，希望能把价格尽可能压低时，其实他们已经很希望能与你实现成交了。这时你首先要做的，就是要说服客户相信一分钱一分货，你这个价格绝对对得起产品的质量，甚至让客户觉得以这样的价格购买简直物超所值。如果营销人员能让客户产生这样的感受，那么离与客户实现成交就近一大步了。

但是，当客户始终揪住这个价格而不肯松口时，营销人员也不要被客户影响，和客户一直就这个价格问题争论不休，这样很容易失去主动地位，让客户占了上风。营销人员应该关注全局，放眼整个销售过程，了解为什么客户会认为这个价格偏高，然后再有针对性地进行突破，最终达成交易。

一句话，当客户提出有关价格的反对意见时，营销人员不用担心因这个问题而失去一个客户，不用感到紧张，不再思考是否该再降低价格，也不用在整个销售过程中围绕价格问题与客户纠缠，应该以积极的态度面对客户压低价格的做法，要引导客户看到价格背后更深层次的一面，比如与价格相关的产品质量与服务质量，要让客户相信你标出的这个价格绝对能让他感到物有所值，最终实现成交。

2．转移客户的注意力

在客户与你讨价还价时，营销人员可以通过其他问题来吸引客户的注意力，让客户不再关注这个价格问题，让客户把关注的重心转移到更吸引他们的问题上来。这种焦点转移的方式对于那些特别喜欢与你还价的客户很有效果，比如客户总是说价格太高而不愿意购买，但是你确实不能在价格上再有所让步了，或者你们已经花了很长时间在这个价格上，但双方却一直不能统一意见，等等。

其实在销售过程中，客户只关心价格的高低，而且一直认为“太贵”不值得购买，主要是因为他们潜意识里一直将自己是否决定成交的因素归结到价格方面。所以，营销人员应该想办法让客户对其他的事情更感兴趣，并让这些因素来影响客户是否购买。

在真正销售的过程中，营销人员要一直保持积极的态度、亲切的语气，以询问、引导的方式向客户展示产品，并配合相应的说明与演示等方法。

案例一

客户：“还是贵了点，我们可能无法承受……”营销人员：“您有没有买过价格比较低的商品？或者您有没有见过别人买回去的一些低价商品，质量是不是要差很多？”客户：“我确实遇到过价格很便宜但质量也很差的现象……”营销人员：“我们都知道‘一分钱一分货’，如果钱也花了但买回的东西却不实用，那肯定心里不好受，而且对于购买廉价物品的客户来说，他不仅没有省下钱，反而是浪费钱，又还要花钱花精力去继续挑选货品。而我们公司的产品质量您可以看得到，您看看我们这个产品……”

注意：营销人员已经让客户开始关注产品质量了。

案例二

客户：“你们公司的这款打印机明显比别家公司的要贵些，我先到处看一下，考虑考虑……”营销人员：“我知道您说的是哪一款，但您觉得比起来哪家产品的质量要好一些呢？哪家的性价比最高？”客户：“这个好像一下子也比不出来，但是那家公司的几款产品好像功能更全呢，他们那个打印机还能……”营销人员：“我们公司有的产品也具有这样的功能，像您说的这几种功能，我们都有相应的产品，但是其实一般的公司用不到这些，那些功能都针对专业人士设计的，而贵公司的打印机使用比较频繁，人员也杂，打印量也大，所以我给您推荐这款，操作容易、打印速度快、字迹清晰、可打印量多，应该更适合贵公司的特点……”

注意：营销人员用产品的质量与性能替代了客户关注的价格问题。

第二章

价格的变化：让客户感到物超所值

物超所值的产品，总能在第一时间吸引客户。因此，增加产品的附加价值，无疑是一种非常可行的销售策略。很多业务员正因为掌握了这一技巧，从而使得销售业绩加倍增长。那么，怎样才能让客户感到物超所值呢？这里面的技巧可谓是千变万化。

先谈价值，再谈生意

实际上，最有效的产品介绍一定是简单而快速的。如果在介绍产品时对顾客说一大堆，没有重点也没有条理，甚至连自己也不知道说了些什么的话，根本是没有说服力的，也无法让顾客认识到你产品的价值所在。

大家都知道，向顾客介绍产品一定要在准确了解到顾客问题和需求之后进行，在你还不知道顾客想什么、有什么观念之前向顾客介绍你的产品，这样做是难以让顾客产生很深刻的印象的，因为你所说的可能不是他感兴趣的或不是他所想要的。和你产品差不多的品牌有很多，顾客为什么选你的，除非你让顾客产生了很深刻的印象，对吗?

所以，在与客户的对话中，价值谈判是一个很重要的环节，应该把握好产品价值、服务价值、品牌价值和终端价值的充分展示，以大客户关注层面为中心，在四者之间实现合理的变通。在与客户周旋的过程中，应该先谈价值，再谈生意。

（1）产品价值：主要通过产品创新，重整产品价值，摆脱产品同质化引起的价格竞争。其主要方法有：采用新技术，改进产品的质量、性能、包装和外观式样等。

成功例子是长虹精显背投。长虹在20世纪90年代，给所有人的印象就是会打“价格战”，掀起数次降价风波，是全行业亏损的始作俑者，然而，就在2001年以后，长虹一举改变了自己的形象以及整个彩电市场竞争的势态，推出其具有一定技术含量和高附加值的高端产品——“精显王”背投彩电。2002年“精显王”背投彩电销量超过了1100万台，长虹成为全球销售第二的名副其实的背投彩电大王。

（2）服务价值：主要通过服务增加产品的附加价值，在同类产品竞争中取得优势，已取得大客户的信赖。

成功的例子是海尔。从海尔这个品牌成形以来，它一直坚守着“服务”的定位并传播着这个概念，在企业行为上做出严格要求，无论在什么地方，产品一到，服务就到，甚至是产品未到服务先到，十几年的坚持使消费者一想到海尔就会给出服务好的评价。其结果我们也是看得见的，海尔可以在相对的高价上维持市场份额。

（3）品牌价值：通过从以产品为中心的营销转变为以品牌为中心的营销，有效避免以产品为中心的价格战。品牌不仅是企业的品牌，同时也是消费者的品牌，消费者往往从品牌的体验中感受到产品的附加价值，从而从感性上淡化产品的价格。

明显的例子是百事可乐与可口可乐，它们的产品相差不大，但是却以品牌营销在市场竞争中获得了双赢的格局。我们再来看IBM成功的例子，一向宣扬“拥有体验”的IBM通过品牌力量对抗戴尔的低价攻势。

试想一下，一个从豪华车里走出来的拎着电脑包的高级白领，或者是一个在高尔夫球场边上网的绅士，他们最有可能用什么牌子的电脑，IBM还是戴尔？这正是IBM的营销人员经常向客户描述的场面。在面对戴尔咄咄逼人的价格攻势面前，IBM 正在通过创造一种品牌“拥有体验”来区分自己与其他电脑，特别是戴尔。

（4）终端价值：主要强调的是差异化的终端建设，通过超值的购买体验强化客户终端价值，从而淡化价格对客户购买的影响。

成功例子是皇明太阳能热水器。由于行业的不成熟，作为太阳能行业的第一品牌的皇明不得不应对来自杂牌的价格冲击，为了超越价格战，皇明提出了终端形象“5S”工程，进行 5S 标准专卖店的终端建设。5S，即 Show（展示）、Sale（销售）、Service（服务）、Systemofinformation（信息）、Solarculture（太阳能文化）。

皇明还增加了消费者体验：消费误区教育体验、家庭健康热水中心使用体验、明星产品性能技术体验、个性化配件增值体验、品牌文化震撼体验、服务力体验等。通过消费者体验，让顾客从终端体验中认识到皇明与杂牌的差异化，最终皇明超越价格竞争，稳守行业领导品牌的地位。

卖给客户一种价值理念

销售其实是把你的价值卖出去而不是把你的东西卖出去。你真正要做的是告诉你的顾客你在做什么，告诉他你营销的是一种理念、一种价值理念。

在一次讨论会上，一位有名的演说家手中高举一张 20 美元的钞票没说一句开场白。面对会议室里满屋子的人，他问：“你们谁要这 20 美元？”

很多手举了起来。然后他说："我会把这20美元送给你们其中的一个，但我现在要做一件事。"说着，他将钞票揉成一团问道："还有人要吗？"依旧有人举着手。

他接着说："如果我这样做会是什么样呢？"他将钞票扔到地上，用双脚来回踩了几个回合，随后他捡起钞票，这时钞票已经又脏又皱。

"谁还要？"还是有人举着手。

"朋友们，你们已经上了一堂十分有意义的课。不管我怎样对待那张钞票，你们依旧想拥有它，那是因为它并没有贬值。它仍然值20美元。在人生的道路上，我们会很多次被自己的决定或碰到的逆境击倒，甚至被碾得粉身碎骨。我们认为自己一文不值。但不管发生过什么或将要发生什么，你们在上帝的眼中永远不会失去价值。无论肮脏或洁净，衣着齐整与否，在他的眼里，你们依旧是无价之宝。生命的价值从不依赖于我们的作为，更不凭借我们结交的人，而是取决于我们每个人本身！每个人是独特的——永远要记住这一点！"

面对众多顾客，你应当做的不是把你的产品卖给他们，而是把自己"卖"给他们，把你的理念卖给他们。

那么，应当建立怎样的销售理念呢？

1. 我卖的产品就是我自己

你个人的价值观念得到推广，其实就意味着你的成功交易带来了一定收益，这种理念是长久且固定的。如果你为了获得更多的利益把自己的产品价格提高了，你的理念其实就是在夸大自己的价值；倘若你为了完成一次交易就放弃了今后的长期合作关系，那你卖出去的仅是你这一时的价值，也就意味着在交易成功以后，你已经失去了价值。

2．我代表着诚实和守信

顾客在交易时都会觉得这其中存在着很多谎言，包括价格的谎言或者产品的谎言，在他们面对你时，本身就带有这种怀疑心理，假如你还是继续着自己的谎言，那你得到的只能是一味的拒绝。一个优秀的销售员，应当令别人用肉眼看到你的诚实与守信。

3．公平的交易

一个成功的销售员最基本的技能是：在交易的过程中，能够让顾客感觉到，这不只是一次交易，也是顾客对我的一份信任。要使顾客从内心感到交易的公平性。

一个营销人员所碰到的问题，其中大概百分之八十来于自身，营销方法与技巧占少部分。要想训练出一个优秀的营销人员，最关键的是要先建立好正确的销售理念与态度，否则，问题只会变得更加错综复杂，最终难以下手。因此，培养营销方法与技巧只对一种人有益，那就是一个拥有健全销售心理的营销人员。

销售卖点

接待顾客是一门很深奥、很微妙的学问。营业服务有它自身的规程，违背了这些规程就很难达到营销的目的。终端店员在营业中，如何吸引顾客？这就要求注重以下细节，方可不断拓展业绩并招徕返客。

（1）打招呼：要注意语气的“二轻”，即轻柔而不造作，轻声而不低沉。

（2）定睛注视：不是目不转睛地盯，而是保持一种真诚而热望的目光，给顾客以尊重、稳健的感觉。

（3）接近顾客：顾客莅临，要主动接近顾客，不要让顾客有冷落的感觉，反之也不要过于热情让顾客有恐惧感。

（4）询问顾客的要求（例如希望、喜欢等）：要耐心、细致，循循善诱，友善引导，不要让顾客感觉被蒙骗。（要点是真诚）

（5）拿商品给顾客看：宜双手递上，以示诚恳。介绍产品时要得体大方，不要让顾客感觉你毛手毛脚。

（6）商品讲解说明：针对商品特性，进行简要说明讲解，必要时，再进一步全面解说（注意要专业）。

（7）让顾客选取商品（成交）：要耐心、细心，不要显出不耐烦的迹象。

（8）收款：面带微笑并说声：谢谢！

（9）行礼：目送顾客离开，道声“欢迎再来”，顾客走远，要招手示意。

一个顾客对商品会有许多需求，但其中有一个需求是主要的，能否满足这个主要需求是促使顾客购买的最重要的因素。最能够导致顾客购买的那些商品特性就称为销售卖点。

成功的产品介绍要点如下：

1. 简短扼要

我们要尽可能清楚、简洁地表达我们的思想。尽可能避免使用一些行业术语以及一连串的由首字母构成的词。这些术语和词往往只有我们自己和我们的同伴能懂，而对于其他大多数的人来说则是毫无意义的。

购买者并不像我们一样熟悉那些行业术语，而且即使他们听不懂我们在说些什么，他们通常也不会告诉我们。这时我们所面临的主要风险是人们通常不会购买他们所不了解的产品。我们是否可以使用这些术语得视购买者而定。

最后，每次只宜解决一个问题，并需要不断得到客户的反馈。只有这样才能极大地增加你被理解的可能性，并进而增加你得到订单的可能性。

注意：滔滔不绝并非销售，我们要用最简要、清晰、易懂的语言与客户沟通。

2. 视觉手段

运用视觉手段有助于我们清楚明了地展示我们的产品和服务，有助于我们的客户更快了解他们所能得到的好处。如果你把这些视觉材料放在一个活页夹中，你就必须熟悉它们摆放的次序，这样你就能很快地找到你所拜访的客户所需的资料。产品样品和试用的方式对帮助客户了解他们的需求是否能被满足很有好处。但在试用和征求订单之间不要留太多的时间，拖延的时间越长，就越会增加得不到订单的危险。

3. 运用第三者的例子

所谓第三者的例子，是指向客户介绍那些已经成功地使用我们的产品或服务来满足他们需求的人的例子，这些例子除了能使我们的产品介绍更加生动外，还能帮助我们的客户具体了解我们的产品或服务所能给他们带来的好处，另外也有助于我们树立信誉。在介绍一个第三者的例子时，我们要么使用普通代词“其他人”，要么使用某个具体公司和个人的名称，来举例说明他们那些与客户相同的需求已经通过我们的产品或服务得到了满足。这些例子还可避免营销人员的难堪，因为如果客户不同意营销人员的观点，那他是在不同意第三者的做法。如果他持赞同观点的话，那就是赞同该销售员了。

在举第三者的例子时，如要使用具体的公司或个人名称的话，每次都应告诉客户你是得到允许才援引该例子的，如果你不这样做，你的客户就会确信你会把每个人的事情告诉任何人。没有人会愿意与一个不尊重原本属于他人专享的信息的人做生意。因此在没有得到允许前千万不要引用任何具体第三者的例子。这样当你在使用这一销售的强力工具时就极大地降低可能遭遇到的风险。

4. 对特征、功能、用途进行说明

专业营销人员可以使用的另一个极为重要的工具，是向客户做产品或服务的特征、功能、用途介绍。这是一个最少为客户所理解的，因此也是最少为营销人员所使用的技巧。

我们多以某一具体客户的需求开始。

特征——介绍的“是什么”，即针对的是客户需要的是什么产品。

功能——介绍的是该产品能做什么。

用途——介绍的是它可以满足客户的什么需求。

大多数的营销人员存在的主要问题是不知如何区别功能与用途，除非我们能够学着去做，否则我们将面临只注重介绍我们的产品或服务能做什么，而忽视了介绍它们能满足客户的什么需求或解决客户的什么问题。所谓用途是指客户的需求可以得到满足。

如何处理反对意见

在你的销售中，有时候难免有反对的意见。为什么人们会提出反对意见？主要因为：（1）不明白你的讲解；（2）顾客需要不被了解；（3）害怕“被出卖”；（4）没有说服；（5）主要购买动机没有得到满足。有经验的营销人员喜欢有反对意见。因为他们知道如果他们能够满足一个客户的真正需求，他们就又向做成这笔业务迈进了一步。80%的反对意见来自于下列类别：

①价格；②质量；③服务；④竞争；⑤应用；⑥交货；⑦经验；⑧信誉。

客户提出反对意见时，不要争论，不要反击，要提供更多的令人信服的信息。

处理反对意见的步骤：

1. 倾听

第一步是倾听人们提出的反对意见，看到底是真正的问题还是想象中的问题，如果是个真正的问题，就应该马上着手处理。如果只是一个假象，也仍然要予以处理。只不过我们可以把它推迟到在进行产品介绍时找一个合适的地方予以处理。

2. 表示理解

表示理解是指对客户的反对意见表示理解，而不是同意或同情。比如：

购买者："李先生，恐怕你的价格太高了些。"

销售员："我理解你为什么会有这种感觉。"

这种表示理解的表述目的在于承认购买者对价格的忧虑，但却没有表示赞同或表现出防卫的意识，在答复人们的反对意见时永远不要使用"但是"或"然而"这样的转折词。用了这两个词就好像是在马上否定掉它们前面的那句话，因而也就在营销人员和购买者之间竖起了一道障碍，如果你一定用连词的话，请用"那么"。

错误表述："是啊，似乎是贵了点，但是……"

正确表述："陈先生，我理解你的观点，让我们就来谈谈这个问题。"

这样双方就建立起了合作关系，而不是抵触的情绪。

3. 让客户对你的反驳做好准备

在这一刻我们的目标是降低客户的紧张程度，从而减少引起冲突的可能性。

4. 提供新的证据

至此，既然反对意见已经得到了降温，我们便可以提出反驳了。根据反对意见的类别，定出最具体的、符合逻辑的和确切的答复，接着把它们记住，并一遍遍地使用，直到它听起来让你感到自然为止。

5. 征求订单

处理反对意见的最后一步是征求订单。在你做出尽可能最佳的答复后，你可以征求客户意见，是否同意购买。

大客户营销中的“价值谈判”

每个企业都有自己的大客户，这些大客户因为自身实力雄厚，往往占据着更多的话语权。由于他们每次采购的数量很大，总是希望在产品的价格上能够享受更大的优惠。于是在大客户的争夺中，企业之间不可避免地产生了价格战争。

在与大客户的沟通中，价格的谈判是一个不得不面对的问题。在这种谈判中，直接谈价格并没有多大的效果，因为竞争对手很多，他们的价格也很低。我们在了解到大客户的需求和问题之后，应该运用以下几个关键点来介绍产品：

1. 明确告诉顾客你产品或品牌最大的优势及主要特点

实际上，只要你善于发现和思考，为自己的产品找出优势和特点不是很困难的事。任何产品都可以做到，不要给自己找理由。请注意，在你公司产品定位的目标顾客的观念中，你的产品一定有你的相对优势。

如果你是卖实木家具的，你可以这样告诉顾客：“我们产品最大的优势在于百分百真材实料，这是大家所认同的。另外，我们家具还有一个特点，它是绝对环保的产品，完全可以保障您家人的健康。”

像这样来介绍产品就非常简单有力，并且几句话就把你的优势和特点告诉了顾客，只要注意表达的技巧，顾客很容易产生深刻的印象。

2. 销售家具的过程中要善于利用顾客发问的机会

顾客自己观察家具的时候，通常难以听进你所说的话，即使听到也不会产生深刻的印象。销售高手知道什么时候应该闭嘴。而当顾客问你某一个问题，你回答他的时候，他一定会把耳朵竖起来听你讲话，这时候你说的每一句话都会让他产生对你产品的印象，包括好的和不好的。

顾客通常会问你“这你是什么牌子？”“哪里产的？”“为什么这么贵啊？”“是什么材料做的？”等等这些问题，实际上这都是你说服顾客的好机会。平时就把顾客常问到的问题写出来并给出简单的答案，并把它们记熟，这很重要。

3. 要察言观色，把话说进顾客心里去

顾客用手摸产品的时候，你就不要说你的服务好；顾客用手敲产品的时候，你就不要说你的价格很优惠；顾客用鼻子闻有没有气味的时候，你就不要说你是哪里产的……也就是说，你要根据顾客的行为或心理，来说他现在想要知道的。

在与大客户的谈判中，如果碰到价格瓶颈，一时没有办法突破，最好想办法转移一下话题。比如，我们可以了解下客户之前使用其他同类产品的情况。一般来说，客户和之前供应商不想继续合作的原因无外乎就是产品质量有问题、售后服务不好、价格偏高。了解清楚了这些状况，然后再有针对性地和客户去谈，首先是抱着帮客户解决问题的态度去谈，只要问题解决了，后面价格的问题就好谈多了。

让客户感觉物超所值

价格营销术就是调动客户的潜意识。对于潜意识，人们不能主管控制，而它却可以进行独立的思维活动。一旦唤醒客户的潜意识，就可以对他们价格营销，让他们不由自主地选择你的产品。

外国的广告商曾在一家电影院做过一次奇特而有趣的广告试验。他和一些助手使用一种被称为“连续训练器”的设备，在电影放映过程中，连续在银幕的旁边，以1/3000秒的速度，每隔五秒重复一次，不断地闪现以下两句广告词：“饿了请吃爆米花，渴了请喝可口可乐。”

由于闪现所占的时间极其短暂，丝毫也没有干扰观众看电影。直到电影放映完，观众中也没有一个人意识到自己看到了以上两句广告词。然而令人大感惊异的是，电影散场后，观众都不约而同地一起蜂拥到电影院的小卖部去买爆米花和可口可乐。在前后6个星期的试验过程中，电影院小卖部爆米花的销售量比平时增加了57.7%，可口可乐的销售量比平时增加了10%。

这一广告试验表明，观众在看电影的过程中，从银幕旁所附带觉察到的商品广告，作为一种起弱刺激作用的信息，已进入和储存于他们的潜意识里，并在后来对他们的行为直接产生了影响。

所以当顾客想要购买你的商品的时候，也要唤醒他们的潜意识，对他们进行恰到好处的暗示。例如当一个孩子买一种食品的时候，你要告诉他：“这个东西口味可好了，现在的孩子们都喜欢吃它。”当一个姑娘试穿一款衣服的时候，你要在旁边说："这件衣服简直就是为你设计的，真适合你的身材。"为了达到理想的效果，你完全可以多说几遍。相信经过你的引导暗示，连她自己也会感到这款衣服对于她是十分适合的了。

从这里也可以看出为什么如今的广告大都采取"星球大战"战略，狂轰滥炸的广告信息充斥消费者的眼球，很多人都对这些广告不屑一顾甚至嗤之以鼻，但是不可控制的这些广告信息通过视觉和听觉已经进入他们的大脑皮层，存在于大脑的潜意识中，在消费者产生购买动机后，大脑就在记忆中搜索出可供选择的商品品牌，这时早已存在于潜意识中的信息就被唤醒，出现在消费者的显思维中，达到广告的目的。

消费者长期不断重复的意识活动"自动化"以后转化为潜意识。所以一段时期内广告促销活动起到的作用，让消费者在这段时间内不断重复购买行为，以后再碰到同样消费选择时，这种消费的定式已经形成潜意识，不再需要思考就已经以极快的速度开始了新一轮的购买行为。

营销活动中的"价值引导"

一般情况下，买卖交易中的"价值引导"可以起到很大的作用。"价值引导"是一种可以促使消费者在脑海中产生错觉的方式，能让顾客转移思考的对象，认为这次交易是对自身非常有利而合算的。于是，顾客在整个购买过程中，变得积极主动，迫不及待地期盼这笔交易能够尽快成功，这个时候消费者的角色不再是被动的被营销者，而是主动出击者。

实际上，“价值引导”全部的行动过程都是营销者策划并安排的，但顾客却认为，一切都是他们自己预先设计的，整个交易过程正一步步按照他们的意向往前推行，甚至到了交易成功以后，他们都自以为是地沾沾自喜，还当自己占了很大的便宜。

魔鬼藏在细节中，每一个小小的细节都展示给客户一个无限的想象空间，它们在无声地揭露你的现状，悄悄地告诉人们你的故事。

广东腾达公司的老板周军二十年前还是个一贫如洗的打工仔，由于他一贯志向远大，一直想创立公司，后在一位贵人张扬的扶助下，他拉了几个弟兄，开起了一家手袋加工厂。在周军的精心经营下，经过二十年的发展，腾达公司已由一家最初年产值不到万元的小厂，发展成为拥有3000多个员工，年销售额达十多亿的大型公司，在当地影响深远。想起当年艰难的创业历程，周军不觉感慨万千。对张扬的扶助，周军更是刻骨铭心，念念不忘，并随时准备报答，正像中国古话所说：受人滴水之恩，当以涌泉相报。

2005年秋天的一个上午，周军的办公室突然来了位饭店服务员，给他送来一份请帖，原来是一位叫张强的年轻人，约他晚上六点半去深圳一家四星级饭店吃饭；服务员还给周军递来一份举荐信，待阅完后，才知道是恩人张扬举荐张强来跟自己做生意。既然是恩人推荐，不看僧面还得看佛面，周军自然要去赴宴。

傍晚，周军换上一身笔挺的西装，气派十足地来到那家饭店，张强早已在那里恭候了。一进饭店大门，周军就受到了周到热情的服务，酒席上的美味佳肴令他大饱口福，再加上张强不时地阿谀奉承，周军不免有些飘飘然，得意洋洋起来……酒酣耳热之际，正是谈判的好机会。张强深谙此道，他认为时机已到，便态度极虔诚地向周军提议到："周先生，我和一个好朋友李明，做皮革生意，信誉好，价格实惠，如果先生您信得过我，并愿意给我们提供一个为您效劳的机会，我很乐意跟你合作。对于您，可以由此获得很多质量高皮革原料，增加产量，取得更多的收益；对于我和好朋友李明来说，由此便会拥有可靠而稳定的客户，经营也会更有起色。"

周军听罢此言，并未立即作答，他在犹豫不决，双方谈判陷入了僵局。张强瞥了对方一眼，并没有逼对方马上做出决定，而是若无其事地招来服务小姐："小姐，听说你们广东的特产广州口水鸭味道不错，能否劳您驾给我买只来？"说着，便从口袋中掏出一大沓钱来，并随意从中抽出两张大额的作为小姐的小费。

周军望着那厚厚的一叠票子，再看看张强付小费时的洒脱样，断定对方肯定是个资金实力雄厚的大老板，与其做生意不会有什么危险的，便主动与张强就皮革交易一事做了详尽的洽谈，爽快地答应了其要求。待酒足饭饱，双方正式达成协议后，两人握手言别。待周军一离开，张强就急急忙忙奔向汽车站，以便搭末班车返回住处，今天在这样的饭店高消费对他简直太奢侈了，怎能是他所承受得起的呢？

周军做梦都不会想到，张强其实只不过是江西一个小客商，收购了一批皮革销售不出去，眼看着要倾家荡产，生意做不下去了。他从朋友那里得知周军与朋友的亲戚张扬的特殊关系后，便以自己的房子作抵押向银行贷了一部分款；并以欲与周军做皮革生意为借口请张扬为其写了一封举荐信；然后，再借助于那家四星饭店这一华丽舞台，成功地上演了一出“瞒天过海”戏。一切都是那么自然而然，顺理成章，张强高超的谈判本领使他略施小计，将自己收购的皮革，转手卖给腾达公司，获利颇丰，一度濒临倒闭的皮革收购公司又如日中天，蓬勃发展起来了。

这种方式并不是随机应变的结果，而是营销人员在开始营销之前，就已经充分地做好了准备，从一开始便向顾客有意或无意地做肯定的心理暗示，这种暗示促使他们一步一步地走进你设下的“圈套”里。

下面再举一个例子，来更加具体地了解这种方式：“非常巧，我们公司现在正在运作一项新型投资计划，您现在只要进行很小的一笔资金投资，将能获得超值回报。您试想一下，几年以后，您的资金完全可以支付您孩子的大学费用。而那时，您再也不必为您孩子的学费发愁着急了。您想想，那是多么庞大的一笔数目。现在大学里的费用那么高，再过几年，更是不堪设想，您说，那时候再去发愁学费的问题，又能怎么办呢？”

但是切记，在给顾客输入上述那些暗示以后，一定要留给他们时间去思考，不可躁进，否则反而会造成他们的反感。营销人员需要做的是细水长流法，让你的暗示逐渐渗透到他们的心里，让他们自然而然地相信你的布局，心甘情愿地接受你的提议。

当然营销人员也要知道什么时候该主动出击，如果你认为已经到了进一步鼓励顾客，并询问是否需要购买的最佳时机，那么你可以大胆地对他们提出这样的问题：“可怜天下父母心，我相信每个父母都是疼爱孩子的，都希望自己的子女可以上好学校，接受最好的教育。谁不愿意自家的孩子好，自家的孩子成龙成凤，但是你是否考虑过，现在学费越来越高的情况下，怎样做才可以避免负担将来这种高昂学费带来的压力，现在，解决的办法已经摆在您的面前了，在我们公司进行小额投资，就可以完全解决您现在的忧虑，您觉得我说得对吗？”

当然，顾客在决定是否要掏钱包时，会非常慎重，所以也有可能会对你的提议产生疑问或者深入思考是不是应该购买。但如果你的暗示在前期做得非常到位，顾客也不会思考太多，于是当你对他们的购买意向再次探底的时候，他们会再次受到你暗示的影响，坚持他们的购买意向。

巧用价格分解法

在应对客户的价格异议时，营销人员还可以采用一种方法，就是价格分解法，来帮助打消客户的价格异议。在销售过程中，有两种价格分解的方法，一是差额比较法，还有一种是整除分解法。我们来看一下这两种方法都是如何使用的：

1．差额比较法

当客户提出价格太贵而有所异议时，营销人员除了说服客户接受这个价格，还可以适当地引导客户说出他们的心理预期价格，然后把自己的价格与客户的这个价格进行对比，这两个价格肯定是有一定差额的。然后，营销人员知道了这个差价，就可以有针对性地对客户进行说服。与产品本身的标价相比，两者的差价肯定要比定价小得多，数值一小就不会让客户产生畏惧感，不会像大数额一样让客户感到紧张，这样再说服客户接受这个价格就会容易多了。

在销售过程中采用差额比较法时，营销人员其实就是要做好两部分的工作，首先适当地引导客户说出他们的心理预期价格，然后再针对得出的差价对客户进行劝说。这两个步骤缺一不可，而且其中有一步没有做到位的话，那么即将到手的订单都有可能飞走。

所以，当客户提出价格太贵而有所异议时，营销人员首先一定要在适当的机会诱导客户说出他们的心理承受价格，然后再利用这个差额对客户进行游说。

客户：“真的是太贵了，比我预计的要超出很多，所以我们可能承受不了这个价位……”营销人员：“其实我们这个报价已经低于行业内的市场价格了，如果您觉得承受不了这个价格的话，您认为您能接受一个什么价格范围？”客户：“对这个产品，我们预计最多可以承受14000元……”营销人员：“您看，我们给您报的是15000元，这之间只差了1000元，其实您买不买就只因为这相差的1000元，是吗？”客户：“嗯，就差这1000元。”营销人员：“难道您觉得放弃这质量优良的机器而换回1000元，值得吗？再说，这种机器可以为您增加效益日均200余元，您可以算一下，购买机器之后，五天的时间您就可以赚回这1000元，难道您愿意为了这1000元而放弃如此大的利润空间吗？”……

这种方法的优势就是，如果你能确定双方的差价，那么你要说服客户接受的就不再是那庞大的数额，而是相对要小得多的差额，所以你在进一步为客户介绍产品价值的时候，那小小的差价会给客户一个心理暗示，用这小小的差价换取产品更大的价值，他们会觉得物有所值，便能促进成交。

2. 整除分解法

整除分解法也是一种价格分解方法，很多优秀的营销人员经常使用。其实这种方法也很简单，但它却能产生显著的效果。采用这种方法时，营销人员同样需要抓住客户的兴趣点，然后展开，因为这样更容易让客户产生共鸣，认同公司的产品价值，便容易达成交易。

客户：“这个房子格局很好，小区环境也好，光线也好，都挺好的，就是太贵了……”

营销人员：“您看您也知道，这个房子无论是整体设计还是服务质量都是业内数一数二的，其实价格其并没有您想象的那么贵。您可以算一下，现在买是每平方米7000元，而且我们这个地段也好，肯定会有升值的空间，您有没有算过它的潜在价值呢？”

客户：“我买房子就是自住，又不会卖出去，就算升值对我也没什么影响，不升值也没关系。”

营销人员：“这样说吧，升不升值您可能不太在意，但您肯定也不愿意看到7000元买的房子，没多久就跌到5000元吧。说到自住，这个房子是最适合居住的。您看，房子的产权是70年，而购买这套房子的总价大概是70万，算下来，您一年花1万，一个月不到1千就能住在这样一个高档的生活小区，更何况您与您的家人在这样好的环境下可以一起度过幸福的日子；再说，您就算一年只住10个月，相当于一个月花1000元住房，现在您租一套普通的房子也是这么多钱，而且您这个还是自己的房子，并且一天才要多少钱您算过吗？”

客户：“大概33块左右吧。”营销人员：“对呀，也就33块的样子，在外面随便吃顿饭都不止33块，您只要把这个钱花在住房上面，就能够在这样舒适的环境中享受一辈子了，而且我们这的物业服务也是行业内有口皆碑的，难道您愿意因为这每天的33块而放弃这样舒适的生活吗？”……

注意：在引导的过程，营销人员一定要让客户亲自计算，这样他们才会有更深刻的体会，才能真切感受到物有所值，而且在计算时，他们慢慢地会更倾向于成交。

采用这种方法就是要把大数额化小，分解成客户比较容易接受的小额价格，如果你使用成功，客户就不会再对那小小的数额有异议了，这时营销人员也会实现他的成交目标。

几乎每一个客户在交易过程中都会对价格存有反对意见，营销人员在开展销售活动时，会发现不管你的报价是什么样的，客户都会提出异议，这时你首先要做的是向客户证明你的产品价值与你报的价格是一致的，而不用为留住客户把价格一降再降。当客户提出有关价格的反对意见时，你要关注全局，不用在整个销售过程中都只围绕价格问题与客户纠缠，这样你会失去主动地位。

假如双方在价格上都不愿意让步，那么我们可以试着转移客户的注意力，把客户最感兴趣的问题提出来。还有不要始终关注产品的总价，可以引导客户说出他的心理价位，通过价格分解，将焦点转移到较小的差价上。

因为数值小，客户就会觉得轻松一点，心里便容易接受，也有利于你说服客户同意成交。在适当的时机有效分解你的产品价格，让客户感到他得到的回报比他所花的代价要大得多，物超所值，你就成功了。

“预先框式”的价格营销

什么是“预先框式”价格营销策略？预先框式就是说你要将那些利于成交的因素预先告之客户。你给客户的这个铺垫能不能打好，决定着你最终的价格能否被客户所接受。也就是说，当客户对产品的价值产生了认可，他的心理价位自然水涨船高。

我们对事物已有的印象，会蒙蔽自己观察问题的视线。而对一件事物的预期，会影响到我们对其的态度和体验。如果我们事先相信某种东西好，那么它一般就会好，反之亦然。国外的一个实验证明，将同样的咖啡放在高档次的器皿和一般的器皿中，人们会普遍觉得高档次器皿中的咖啡味道更好些。

一件产品的包装形式和设计，也会影响到人们对包装内产品的品质认知。一个研究员用加了醋的啤酒做实验，当参与者们被事先告知酒中加了醋时，因为有了预期，他们就始终不觉得这啤酒好喝；而另外一组在喝完酒后觉得味道不错，在被告知酒中加了醋后，评价还是正面的。事实上，事后知道真相的参与者与根本不了解实情的人对加醋啤酒的喜爱程度是一样的。这表明，预期的确会影响人的行为乃至知觉。一些餐饮店在菜名前加一些带点异国情调的、时髦的词语，比如“阿拉斯加鳕鱼”，我们还没有吃到，就似乎已感觉到这菜要比普通的鳕鱼味道要来得更鲜美些！预期不仅影响人们对视觉、味觉和其他感官现象的认知与体验，还能够改变人们的主观甚至客观体验。

从某种意义上讲，质量也是个主观概念，价格也是质量象征的一部分。即使是同品类、同质量的产品，如果价格偏低，人们往往觉得其质量要差一些。

对医药、软饮料、化妆品和汽车等消费品来说，预期价值可能成为真正价值。所谓“便宜没好货”，就是我们对低价的一种无意识的反应。广告等品牌传播手段的核心目的就是塑造人们对某产品、服务乃至企业组织的正面预期。这种预期一方面源自品牌本身的承诺，另一方也源自熟悉、口碑和信任。甚至可以说，广告就是在塑造一种认知预期的偏见。

那么，什么情况我们可以用“预先框式”价格营销策略呢？

随着产品竞争压力越来越大，生产技术不断更新，客户购买产品也面临着越来越多的选择，但是在一些外部条件与内因的影响与限制下，他们在决定购买时需要考虑的问题也越来越多，他们总是担心自己现在购买选择的时机是不是不对，或者害怕购买之后后悔。但对营销人员恰好相反，如果不能促使客户决定成交，那么就是自己工作的不利，也不能给公司创造利益。如果没有及时决定成交，对于客户来说也不一定就是好事，因为影响客户决定成交的问题或因素可能实际上是不存在的，或者就算存在也不会影响到自身利益，如果因为担心这些不知道是否存在或对自己并没有影响的问题而放弃购买，那么就满足不了自身需求，也会浪费自己更多的时间与精力。

因此，不管是考虑自己还是公司利益，还是替客户考虑，营销人员都应该在销售活动中积极地引导客户，让他们尽快做出成交决定。为了能顺利打消客户的各种疑问，营销人员在说服客户的时候就可以采用“预先框式”价格营销策略。

“预先框式”价格营销策略其实就是在销售过程中，仔细观察客户的具体反应，然后灵活积极地对客户及客户的决定进行预先框式。比如说客户很明智、客户做出的购买决定很明智、客户选择与你进行成交的决定非常正确，等等，都是用预先框式，然后再积极说服客户也认同你这些框式内容，最终让客户认为他们应该购买你的产品或服务，这样你便能如期完成你的成交目标。在真正开展销售活动时，如果营销人员能熟练地掌握“预先框式”并懂得活学活用，那么在很多销售情形下都可以用到，并能取得一定的效果。

我们来看看“预先框式”价格营销策略在哪些情形下可以产生较为有力的说服作用：

1. 总是犹豫不决的客户

很多客户因为本身个性就比较优柔寡断，做任何决定都会犹豫不决、瞻前顾后，很多我们无法预计会不会出现的因素都能影响他们的决定。当营销人员对他们进行营销的时候，他们往往会考虑很多，缺乏判断力，所以不能果断地做决定，这样的客户在销售场合中一般很难下决心购买。

事实上，他们除了对营销人员保持严重的戒心，还非常不相信营销人员推荐的产品，甚至还会因为一些外在的因素而拿不定主意。可以看出，那些性格比较优柔寡断的客户，他们对很多事情都有所怀疑，营销人员遇到这样的客户如果不能很好地处理的话，那么他们不想购买的理由可能千奇百怪，任何原因都有可能。

当我们与这类客户进行沟通的时候，如果想要说服他们购买，营销人员在听到那些阻碍成交的因素时一定要选择合适的方法进行化解。如果针对客户提出的那些理由一个一个进行分析，既浪费时间又浪费精力，也不一定能得到想要的结果，因为这种类型的客户考虑的问题太多，有时候一个还没说完又突发奇想冒出另一个问题。所以在这种时候，营销人员应该尝试一下“预先框式”价格营销策略，在客户有问题之前先给客户一个思维定式，可以积极地看待这一次营销，最终实现成交。

客户：“我认为现在还不用急着买，还有很多问题没有考虑清楚……”

营销人员：“我知道您担心什么，我知道，像您这样平时在公司要处理很多重要事情的人，遇到问题时一定能非常果断地做出决定，而且您肯定希望自己做的每一个决定不会失误，选择购买我们公司的产品就是一个明智的选择，现在签订合同的话对公司来说应该是一个很好的时机……”

营销人员在采用这个方法引导客户时，语气一定要坚定，要表现得非常自信，让他们也能受到你的感染，确信自己做出成交决定是明智的。千万记住不能有丝毫的言辞闪烁、表情不自然和自己也不确信的语气，这样反而会让客户更加忧虑、担心，从而不能达成交易。

2. 容易受外界环境影响的客户

可能还会遇到这样一种客户，他们不愿意购买并不是觉得产品本身质量不好或服务品质不好，而是受到一些外界环境不利因素的影响。他们经常会提出这样的理由来拒绝你："现在经济危机，整个行业经济都很萧条，我们现在不敢投入资金采购这批货……""才没几天这款产品已经连续降价好几次了，肯定以后会贬值……""我看我好多朋友也没买，我还是再考虑一下吧……"营销人员在面对这些理由的时候，一样可以通过"预先框式"来实现成交。

第三章

价格的宿命：注定与营销“相生相伴”

价格是营销者必须考虑的一部分，如果在开展营销活动之前，不把价格因素考虑进去，很可能会前功尽弃。无论是打折促销，还是赠送活动，价格总是第一时间刺激着消费者的神经。这就是价格的宿命，注定与营销“相生相伴”。

提供千变万化的打折优惠

随着经济的快速发展，市场经济已逐渐成熟，供不应求的现象早已不复存在，为了在竞争激烈的市场里占有一席之地，越来越多的企业注重消费者的利益，并将“顾客是上帝”作为企业的座右铭。既然顾客是上帝，那么我们对待上帝，自然要客气，照顾周到。

为了更好地照顾“上帝”，很多企业推出了打折计划，七折、八折屡见不鲜，甚至有些企业推出了折上折的方式来吸引客户。但是这种千篇一律的生硬打折的方法已经过时了，客户再也不会因为那些便宜货而心动不已，想要吸引客户的眼球，还需要有更多的妙招才行。

让我们看看这家航空公司是怎么做的：

有一位先生走进该航空公司的售票处，他对售票员说：“我需要两张去英国的机票。”

售票小姐微笑道：“好的。不过，现在我们公司做活动，购买去英国的机票可以享有折扣，种类不同，折扣额不同，不知道您需要哪一种呢？”

“优惠？不知道都有什么种类呢？”

“你是英国人吗？”

“哦，不是。我是美国人。这跟优惠有什么关系？”

“哦，是这样。我们这里有一种优惠是，如果英国本地人购买去英国的机票，那么我们可以给您 40% 的减价优惠，但是您是美国人，恐怕只能给 6% 的减价了。”

“原来是这样。那你们还有其他的优惠项目吗？”

“有，如果您是去英国探亲并可以出示证件来证明这一点的话，我可以给您减价 10%。”

“看来，这个也不符合我。还有其他的吗？”

“当然有，如果您是与您的太太一起去英国旅行，那么我们不但有一份特别的礼物送给你们，还会给你们减价 15%。”

“唉，我还没有结婚呢。”

“是这样啊，太巧了，我们这里还有一个优惠项目，那就是如果您是单身，并且准备在 3 个月内再次去英国旅行，那么下次的机票可以有 20% 的优惠。”

“这个不好说啊。看来没有一项符合我的。”

“别着急，对了，先生，如果您现在还是学生，或者属于待业人员，我航特别提供 50% 的折扣。”

“便宜这么多？唉！可惜我已经毕业了，现在还有一份不错的工作。看来我真的是一项都没有赶上。算了，小姐，您就给我那 6% 的减价吧，非常感谢您的耐心。”

从上面的案例中，我们可以看出，丰富多彩而种类繁多的优惠政策让客户兴趣倍增，虽然没有找到符合自己的优惠项目，但是他以后也会多关注这家航空公司，看看以后是否会出现对自己有用的优惠。航空公司不但让客户满意地买走了机票，同时也宣传了自己。

在心理学上，“首因效应”是非常重要的，也就是营销人员给客户的第一印象。客户会从营销人员的穿着打扮、说话方式以及说话态度等方面给营销人员打分，这些分数直接影响顾客对一个营销人员的信任程度，而决定最终交易的成败。

营销人员一定要在顾客面前表现得成熟稳重、自信而诚恳，很多顾客会受到对方的影响，而考虑是否购买产品。许多营销人员在客户面前表现得不自信，而这种情绪会让客户对他的产品产生怀疑，因为如果连卖的人都不觉得这个东西好，买的人当然也不是傻子，自然不会去购买了。所以营销人员要非常自信，坚信他的商品是最棒的，真诚地向客户推荐自己的东西，这样原本犹豫不决的顾客很有可能选择相信营销人员，决定购买。

这种方法比较适合于那些好说话、不自负的顾客，当营销人员用诚恳的语气和他们进行交易的时候，一般情况下只要把话说到点上，让他们感觉这个东西确实是最好的，是他们需要的，那么就会购买。

但是，对那些自我感觉良好、非常自负的顾客，营销人员要装出一种漠不关心的模样，不能一上来就去营销自己的东西，而是漫不经心地东拉西扯，尽量绕开交易上的问题，可以讲一些其他的趣事来吸引客户。客户被你的这种绝口不提购买的方式所吸引，对你说的趣事产生了好奇，然后在接下来的闲聊中，你可以找机会来营销你的商品，但不可过于直接，而应该让对方意识到这是一个特殊的机会。比如说你告诉他，你不是随便给人营销东西的，只给那些符合条件的特殊人群推荐。这个时候，客户很有可能表示自己就是符合条件的人选，而购买你的东西。

打价格战，也是有技巧的

各种层出不穷的打折优惠，是商家惯用的手段。尤其在与竞争对手势均力敌的时候，许多商家都很喜欢打“价格战”！殊不知，很多时候用价格战打开了销路，扩大了市场份额，老板却收不回成本。在惨烈的价格战中，很多老板只算了产品成本，却没计算到人工成本、店铺成本、售后服务成本等！于是在经历了一番轰轰烈烈的价格战之后，看似打败了竞争对手，自己也造成了巨大的损失。

其实打价格战，也是有技巧的。

接下来就为大家分享几种比较实用的方法吧！

1. 临界价格——造成顾客视觉错误

临界价格：指在视觉和感知上让人产生第一错觉的价格。

实操案例：以 100 元为界限，那么临界价格可设置为 99 元或 99.9 元。

优势分析：

以较低成本刺激消费欲望，用数字压力促进消费。

错误的视觉导致店铺个性化，轻松达到推广效果。

价格组合的方式多样，吸引顾客的方式不再单一。

2. 阶梯价格——让顾客自动着急

阶梯价格：商品的价格随着时间的推移出现阶梯式的变化。

实操案例：新品上架销售，第一天 5 折、第二天 6 折、第三天 7 折、第四天 8 折、第五天 9 折、第六天原价。

优势分析：

减少顾客的犹豫时间，促使冲动购买行为。

商品本身已完成生产，避免商品失去价值。

既吸引和刺激顾客消费，又避免店铺亏本。

3. 降价加打折——给顾客双重实惠

降价加打折：比纯粹促销方式多一道弯，达到双重实惠叠加的效果。

实操案例：以 100 元商品为例，如果直接打 6 折就会损失 40 元的利润，但如果先把商品降价 10 元后再打 8 折，那么商品损失的利润是 28 元，而顾客却觉得更实惠。

优势分析：

顾客心理容易丧失原来的判断力，被促销所吸引。

提高促销机动性，扩大消费群体，吸引更多的流量。

降价促销造成的成本浪费，提升了客单价。

4. 一刻千金——让顾客蜂拥而至

一刻千金：让顾客在规定的时间内自由抢购商品，并以超低价进行销售。

实操案例：顾客在每天 9:00–9:30 买下的商品，均以最低价格成交。

优势分析：

看似亏本，却能带来急剧提升的流量和潜在顾客。

让顾客自主传播，节省大量主动宣传费用。

利用知名度的提升，带来更多稳定的顾客。

巧妙选择时间点，提升活动的记忆力。

5. 超值一元——用小鱼钓大鱼

超值一元：活动期间，花一元钱就能买到平时几十甚至上百元的商品。

实操案例：超值商品，仅售1元。数量有限，售完即止（每人限购1件）。

优势分析：

用限量的超低价活动，提升关联商品的销售量。

唤醒顾客消费欲望，用一份礼品刺激更多消费。

分次活动引起顾客长期关注，带来二次转介绍。

出其不意的怪招攻破顾客防线

曾经有这么一位先生，他家里停放着一部旧车，这部车子破旧不堪，已经完全不能再发动起来了，现在他需要重新购买一部车子。于是，在得知这个消息以后，越来越多的营销人员源源不断地来推销他们的汽车，类似的话语、类似的营销方式让他深感厌恶。虽然他也认为自己该换车子了，但是仍旧不耐烦地拒绝所有的营销人员，甚至自然而然地造成了他防御心理，一旦营销人员来推销车子，他便会恼怒地想："又来了，我绝对不会上这些家伙的当。"

通常情况下，营销人员们为了让他动心并购买自己的车子，都会说："你开这么破旧的车子有失身份不说，而且还会造成危险。"或者说："你花钱换掉了那么多的零件，根本不值得，那些钱再加一些钱，都可以购买一部新车了。”

这些话实在太刻薄、太让人生气了。于是，他对他们反感至极，只要他们一提起要让他换车，他就火冒三丈。

但是，这一天，来了一个看起来沉着稳重的中年营销人员，当时他的直觉告诉他：“不要被骗了，这个家伙是来卖车的。”

但是出乎他的意料，那个营销人员先是仔细地查看了他的那辆破车，然后善意地对他说：“先生，你这辆车至少还可以用上一年，现在就换掉的话实在太可惜了，我建议，还是过一段时间再换吧！”

他说完，毕恭毕敬地递上一张名片，转身便离开了。

没有想到，在听到营销人员善意的建议后，这位先生的心理防线完全崩塌了，他从来没有这么强烈地感觉到自己需要换一部车子了。于是，他按照名片上的联系方式给那位营销人员拨了一通电话，告诉那名营销人员，立马带着他售卖的车子去他家，他要更换掉那辆破旧不堪的老爷车。

这位成功的营销人员是智慧的，他的话语与其他人不同，他设身处地地为购买者考量，提出善意的建议，这完全出乎老先生的意料。这种始料未及的情况产生了不可弥补的空虚感，他很快投降了，并决定购买车子。现在，这位非常痛恨营销人员的先生已是一位从营销人员那里购买新车的忠实客户。因为他的购买心理防线已经完全被攻破了。

在商谈过程中，营销人员需要紧追客户的话，一环扣一环牢牢跟进，让客户最后发现没有不购买的理由，以此促使交易成功。

例如，如果顾客说：“这里不是我想要的那种地方，我希望房子外面山清水秀，风景优美。”这个时候，你可以按照他的话说下去：“那么我可以给您再推荐一个有山有水的地方，而且价格上不变，您是否想购买呢？”

这种环环相扣、紧追客户想法的方式，对营销的进行有很大的好处。所以，无论对方是不是真的想要购买一个拥有山水环境的房子，无论他是否出自真心，只要你紧跟他所说的话，满足他的条件，不要被客户的话造成冷场，作为结束的信号，那么就有机会使交易成功。而且这个时候，条件是客户提出来的，你抓住机会把他想要的摆到他的面前，他再去反悔，就会感觉十分尴尬，就很可能顺水推舟答应购买。这样的情况在我们生活中屡见不鲜。

例如营销人员在推销汽车的时候，碰到顾客对车子感兴趣但是又犹豫是否购买，他会对你说：“这辆车子好是好，但是颜色太难看了，我钟爱的是那种红色款。”

“这个没有问题，我们可以提供红色款系列车型，你是否有意向来看看呢？”

“哎呀，我没有带够现金啊，分期付款可以么？”

“没有问题，如果您要分期付款的话，我完全可以帮您办手续，您觉得怎么样？”

“我刚发现，你这个价格真是挺贵的，我也不是什么有钱人，就是想买辆便宜点的车子代步。”

“没关系，您不用着急，价格是可以商量的，您可以跟我们老板商量一下，尽量达到您满意的价格为止，您看可以吗？”

就这样，环环紧扣，牢牢紧跟，完全符合他的条件，跟上他的套路，让他别无选择，别无后路地选择妥协，让他相信，现在摆在他眼前的就是他所想要的。

施加压力，让客户接受你的价格

俗话说：“先下手为强，后下手遭殃。”在产品营销的时候也是一样，不要等到客户把所有的事情都想得很缜密了，再去想办法做产品营销，一定要在之前就占据有利位置，给顾客施加压力。

但是切忌，给顾客施加压力不是说让你使用粗暴的武力逼迫顾客，而是运用心理战术，促使客户购买商品。在整个施加压力的过程中，一定要巧妙使用心理战术，让客户感觉压力是他们自己给的，而不是营销人员强加给他们的。否则，这种方法非但不能帮助你促成交易，还会让客户厌烦你，以至于拒绝购买。

所以，在运用这种方式的时候，你要先审视自己是否有这种能力控制好压力的度，更或者你是否有这种施加压力的能力。这种方法一般适用于说服力强、能够随机应变的营销人员。这类营销人员的共同点是，说话富有感染力，不但能对周边环境加以控制，而且能够灵活地变换。

下面我们举例来说明这种方式。我们主要是通过语言技巧的展现，让大家更加了解在现实生活中这种方法是如何被运用的：

（1）“我们这里主要经营昂贵服饰，价格一般都在千元以上，我们主要的顾客是高端白领，所以我感觉可能不适合您的工作环境，您可以去对面看看，那里的服装价格比较便宜。”

（2）“怎么会贵呢？对于您来说只是多花了十几块钱，但是却能得到一个效果要好得多的保健品。您想想，现在随便买点什么东西不是十几块钱的，在停车场停一次车也要好几十块呢。只为了省这点钱，买一个没有什么效果的产品吃，多得不偿失？”

（3）“没有关系，因为我们做的是高端产品，您这个年纪买不起是非常正常的。我觉得您不用找我们领导去商量这件事情，他们也很繁忙，您可以再看看其他一些价格低廉的商品，再深思熟虑一下，您觉得呢？”

在营销人员运用这种营销方法的时候，一定要注意以下两点：

（1）说话的时候注意自己的态度和口气，不可过于生硬，要婉转，并且要连续不断地与客户沟通这件事情，直到顾客参与互动并表明自己的态度为止。

（2）不排除有一些特殊的情况，如所谈问题的重点、敏感中心区域等，一定要在开始就解决。

为什么要商谈？很显然，因为双方都是有所求的。那么在商谈之中，最可怕的不是买方灵巧多谋，也不是卖方老谋深算，双方见招拆招比试耐力，而是谈判桌上的冷战。冷战产生的影响是非常可怕的，有时候会让整个谈判进入僵局，而双方在极其僵硬的气氛中，容易忘掉各自的目的，造成不可估计的谈崩的后果。在这个时候，我们一定要记住，我们是为什么而坐在这个谈判桌前的，我们是有所求的。

既然“有所求”，那么我们就要肯付出代价，有失才有得，只有肯失去才能得到我们所求的东西，当然了，要付出什么样的代价是需要我们控制的。在一些场合做出让步，退一步海阔天空，是我们需要时刻记住的，不要让气氛变得凝滞，双方剑拔弩张，那是绝对不允许的。记住，对方是自己的同伴而不是敌人，冷战会毁掉一切。

如果商谈进入了僵局，那么你可以根据自己的原则，自己利益的大小，以及自己可以做出退步的大小，做出应对。在秉持总体原则不变的情况下，做一些让步，接受少许与对方的分歧，这样不但可以打破僵局，而且可以使双方都能感到满意。

这里有一个案例。在一次谈判中，双方就价格问题互不相让，僵持不下，这个时候，买方的谈判者提出：“其实，除了价格上面我们没有达成一致，其他方面还是有很多统一意见的地方，像不需要代理商，我们直接购买这块，还有想尽快完成这笔交易方面。既然我们诚信购买，你们也想尽快谈妥这笔生意，那么这个小小的价格让步又有多么重要呢？不如我们都往后退一步，你们说呢？”

案例中买方实际上是做了一个缓和气氛的方式，他做出的一点点让步多少迎合了卖方的想法，卖方这时也会考虑是否满足买方的条件。这一番诚恳的话，不但把商谈的气氛缓和了，而且得到了卖方的认可，为商谈走向成功奠定了基础。

漠视自以为是的客户

许多营销人员抱怨，他们经常会碰到这样一类顾客，他们自以为是，认为自己对你销售的产品了如指掌，根本不需要你向他们介绍。无论你想向他们说什么，刚说出上半句，他们就会像在做抢答题一样，赶紧把下半句说出来，并摆出一脸的不屑，好像你在班门弄斧。在他们看来，营销人员什么的根本就是多余，他们凭借自己的才能就可以买到最好的商品。

在对待这类顾客的时候，你千万不要用以往的方式去套近乎，而是要摆出一副漠不关心的样子，让对方感觉到，你对为他做产品营销根本不在意，完全没有想把产品卖给他。

在你对他爱答不理的时候，这类人很容易被激怒，他们会迫切地想知道你为什么漠视他。他们认为自己是应该受到营销人员注意和追捧的，无法接受被晾在一边这种情况。所以越是对他们冷漠，越是会激怒他们，越是能让他们在不理智的情况下，因为自尊心而购买下你的产品。

例如，在与他们谈话时，你可以用下面的模式：

“女士，很抱歉，我们这里规定，不能随便向客户介绍产品，这会影响我们的声誉！”

这个时候，你不要等着对方做出任何反应，也不要在意对方惊讶的表情，紧接着道出理由，让一切看似合情合理：

“我们公司规定，我们只能对那些特殊的顾客做介绍。我们不但需要对顾客严密核查和挑选，而且对于我们的服务项目，我们也会精心为他们量身定做。我想您能到我们这里来，一定对公司里的这条规定略有所闻吧。”

“当然，符合我们条件的客户并不多，所以有时候我们也会破例向一些不错的客户介绍我们的产品。我感觉您是一位有知识的受过良好教育的人，就是一个不错的客户，您认为呢？”

这个时候，时机已经逐渐成熟，你可以跟他们谈一些生意上的事情了：

“现在，如果您想了解我们公司的服务事项，我这边有一些资料可以提供给您。但是，您最好填一下申请表格，先办一下付款手续，这样能够节省您的宝贵时间，也方便了我们。”

如果客户没有反对，说明他们已经赞同了你的提议，决定购买，这个时候你一定要按捺住高兴的心理，表面上摆出一副不在乎的神情。然后，等到一切都掌握在你的手中时，你可以稍稍改变一下你的策略，热诚地为他们介绍产品或者攀谈，直到这次交易成功为止。

幽默地谈论严肃话题是一种艺术

合作期间，当双方之间产生一些问题的时候，在严肃的话题上加些作料，让它们变得幽默而不乏沟通性，是一门大学问。这不仅可以让那些残酷的话题变得颇有人情味，而且不会破坏双方的友好关系。

一般公司的老板都会为高垒的账单发愁，这些客户的过期账单不得不让他们抽出一些时间来解决。面对这些公司的老客户，且一直有着良好的合作关系，老板怎样才能在“不伤和气”的情况下，把这些账单解决掉呢？

某个公司的老板把账单中的一位客户请到自己家里吃晚饭，并轻松地表达了需要对方付账的意思，还没有伤和气。现在，让我们看看这位老板是怎么做的，以下是他们的对话。

“杰克，老伙计，你知道的，我们的合作一直很愉快。”那个老板在和客户吃晚餐的时候说，“但是你的账目已经过期很久了，那些账单堆放在我的桌子上，已经开始长出青苔和蘑菇了。”

就这样，这个老板在吃饭的时候，自然而然地表达了自己的意思，问题后来很快便解决了，这完全要归功于老板处理事情的时候的幽默感，快速地与客户拉近了距离。

这种方法在商场上经常被用到，因为它可以帮你解决问题，化干戈为玉帛，还能拉近你与客户之间的距离，增进你们的感情，何乐而不为呢？

否决要排在肯定之后

在商谈的时候，双方一定会就一些问题产生分歧，对方说的话你也许认为不是事实，但这时，你千万不要像批评家一样跳出来直接与对方争论，而是学会先承认对方的言论，再找时机慢慢纠正他的错误。无论对方说的话是对是错，都不要一口否认，而是微笑着倾听完他要说的话。

肯定对方是非常重要的，你完全可以在之后找到一个机会，加一句“但是”，然后顺理成章地转换话题，提出你自己的见解，稍加更正他的错误，这时就不用担心，你的言语会激怒对方，因为你在之前已经给了他充分的肯定。

比如，在商谈过程中，对方提出降价，这时你就可以说：“我非常理解你们的提议，但是……”在“但是”后面摆出你的理由和苦衷，尽力避免降价的可能。与其直接说“不行”或者直接翻脸争论，倒不如心平气和地先赞同，之后再去更正，这样的做法更婉转，更加让人可以接受。

倾听的时候注意要面带微笑，这在商场上是非常重要的，因为它表明了你的态度，起到了非常重要的作用。这让人感觉你坦诚相待，与对方是处于同一立场的同伴，而不是久战沙场的敌人。另外，要注意两边的发言时间要平分，不要出现一方独霸的局面，发言的内容不可过于尖锐，要简洁明了，可以时不时地来点小幽默，使商谈处在和谐的气氛中。

有些人购买东西的时候，总希望此次购买不止可以满足他自己，而且满足他的家人，不要认为这是一种贪得无厌的想法，因为在很多情况下，客户的这种想法可以让我们趁机而入，促使他们完成购买。对于这些持有希望别人可以信任他或者也获得利益的消费者，我们就可以为他们设计这样一套理由，让他们既满足自己，又满足别人：“嗨！放心吧！你这样做，不但对你自己，而且对他人也是有帮助的！”

例如，销售宝石项链的营销人员会对正在犹豫不决的女士说：

“这样漂亮的宝石项链，全世界恐怕只有这一条，配在您的脖子上，简直太完美了。我相信，您的先生看见您带着这样美丽的项链，会更加喜欢你的。”

这句话的意思可以翻译成，你买下这条项链不但满足了自己，而且也满足了您的先生。所以，那位女士非常乐意地买下了。

当然你也可以这么说："这种项链总有一天会升值，您买了它，之后再高价卖出，您在一买一卖中获利，您家里人该多么高兴啊。"

这时，对方听说项链还会升值，卖出以后家人一定会赞扬她的投资头脑，在这样的附加值的趋势下，她也会选择购买。

平淡的交易过程是客户不希望遇到的，他们有时候也在期待你给他们一些特殊的气氛，比如制造一点悬念或者小压力，让他们产生紧迫感，并衍生出一种"现在是购买的最佳时机"的错觉，促使他们与你达成共识，交易成功。

比如，在与顾客商谈的时候，稍稍提供一些夸张后的商品信息或者行情等，像"在别的地方，这种原材料都已经涨价了，我们还在卖这种价格，已经是在亏本做生意了"或者"下个季度，我们就没有办法供应这么多的数量了，因为厂子现在招不上来适合的工人来做这项业务"。

这样一来，顾客被这些信息所刺激，购买欲望便会膨胀。当然，如果你只是想顺其自然地等待顾客来与你商谈，而不是主动地与客户互动，给他们一些小刺激，那么你的营销工作很难成功。

这种方法在使用的时候，一定要掌握好度，虚张声势时不要过分夸大，只要稍微点一下就可以了，剩下的让顾客自己去思考。否则，过分的信息会让顾客产生怀疑，这对你的营销工作非常不利。

激将法该用的时候就用

在很多时候，你会发现这么一类顾客，他们对产品非常满意，而且在资金方面也能够支付，但不知为什么，他总是瞻前顾后，对产品是否会出问题而犹豫不决，迟迟不能下定决心。这时，使用激将法尤其有效。

你可以说：“您知道吗？有些人非常奇怪，越是喜欢的东西，越是不敢去得到，越是感兴趣的东西，越是不敢去追求。这是多么可悲啊。

“在自己想要的时候，就大胆地去要。在自己想做的时候，就大胆去做！人就要活得勇敢一些，如果连这种想要的勇气都没有，那怎么会有更大的追求呢？既然自己认为是有价值、有意义的东西，怎么能说放弃就放弃呢。

“先生，您觉得我说得对吗？我感觉您一定不是这种人。所以您要是觉得这个产品值得的话，就赶紧行动起来吧。”

经过这样一番慷慨激昂的劝说，顾客想要沉默都不可能了。

不愿意接受别人不同的思想，是现今社会普遍存在的事实，有一些人偏偏要与别人逆道而行，你说什么我偏不做什么，你不让我做什么，我就偏要做什么。顾客也一样，你越是向他营销自己的东西，他偏偏就不加理睬，这时，如果你善于操控这种心理，那么就可以说服那些顽固的消费者。

就像男性周刊杂志里刊载的“内部消息”，往往被大众所追捧，或者在墙上挖一个洞，贴上“私密，不准偷看”的纸条时，也会有人偷偷地去窥探里面的秘密。

《精神发达过程》中，鲁滨逊写道：“人们在没有感觉到太多的压力之下，往往都不会改变自己的想法，但是当被人误解时，就会生气，甚至怀恨在心。事实上，每一个人心理都隐藏着一些动机，而这些动机都含有强烈的信念，如果有人要来改变自己的信念，那他就会在不知不觉中对此人产生反感。”

就像书里所说的，很多人拥有这种“别扭心理”，偏要做与其他人相反的事情，不让做的，一定要做。而作为营销者，如果能善于利用这种心理，便可以劝说这类客户，使他们的固执态度大大改变，甚至主动表示，自己偏要买这个产品。

销售者需要有敏锐的洞察力和强大的直觉，在商谈过程中，快速抓住客户模糊不清的问题或想法，尽快消除客户心里的疑虑。

当你问及这些问题的时候，你一定要有医生做手术般的耐心，将迷雾层层拨开，并认真分析客户的解释和回答，准确地抓住要点，直接解决关键性问题。

当然，很多时候，这种含糊不清的问题，是消费者自己制造出来的，他们有时候会像引蛇出洞一样，先抛出一些可以给出多种解释的问题，他们的想法是用这些问题，来套出他们想知道的答案，而这些答案并不是他们的这些问题的直接答案。

所以，作为一个销售员，在没有明确客户真正想问的问题是什么的时候，一定要小心谨慎，不要轻易地回答，更不要做直接的正面回答，而只需回答一些全面的、没有利益冲突的问题。如果轻率地相信客户，并把所有的真实情况毫无保留地告诉给客户，是非常不明智的。

第四章
价格的误区：小心价格营销的那些“坑”

在“战火连天”的商业竞争中，价格是关系到产品销量的一个非常重要的指标，近些年来很多大企业大品牌都纷纷涌进价格战的角逐之中，但是无休止的价格战只会让企业两败俱伤。价格营销必须与其他营销方式相辅相成，而不能一味地打价格战。对于深陷价格战的企业来说，一条道走到黑是不对的，应该及时调整营销方式。

价格并非营销的唯一要点

你的产品再怎么好，价格再怎么便宜，假如是卖给一个对其没有用的顾客，那么再低的价格也很难对客户产生吸引力！相反，如果能够找到需要它的客户，并且针对客户的痛点做文章，那么就很容易卖出产品。

价格并非营销的唯一要点，客户的需求才是重点。成为一个成功的销售员，你首先要以顾客的利益为基准，去考虑产品对于顾客来说是否有用，能为顾客提供什么价值。当你想明白这一点，那么销售对你来说就会变得很简单！

要想成功地将东西销售出去，首先就需要弄清楚客户的真正需求。

一位老太太到水果摊买水果。某天早上她提着篮子在水果摊上遇到一个小商贩，小贩问老太太：“你是否要买一些水果？”老太太说：“你这里有什么水果？”小贩说：“我这里有李子，你要不要买李子？”老太太回道：“我正好要买李子。”小贩赶紧说：“我这的李子不仅大还红，味道很甜，很好吃。”老太太看了一下，果真是这样。但是，她没有花钱买而是摇摇头，走掉了。

老太太接着在水果摊上转，遇到了第二个小贩。这个小贩和第一个小贩一样，问老太太需要什么水果，老太太回答：“李子。”然后小贩问：“我这里李子种类很多，有大的、小的、酸一点的、甜一点的，你需要什么样的呢？”老太太说我要买酸的，小贩介绍道：“我这的李子特别酸，你要尝一下吗？”老太太一咬，真的很酸，满口冒酸水。老太太酸得受不了，但好像越酸她越开心，立刻买了一斤李子。

她接着在市场里逛。遇到的第三个小贩将前面两位的问题重复问过以后，他接着问老太太：“别人都买甜李子，你为何买酸的呢？”老太太回答：“我儿媳妇怀孕了，喜欢吃酸的。”小贩见机说：“老太太，恭喜您了！那您是否清楚孕妇最需要啥样的营养品？”老太太摇头。小贩说：“孕妇最需要的是维生素，因为她得供给胎儿维生素。”他接着说：“您清楚不清楚哪种水果含维生素最多？水果中维生素最丰富的是猕猴桃！”老太太一听高兴坏了，立刻买了一斤猕猴桃。

事实上，顾客在购买产品时，表面上是购买产品，本质上是获取产品所带来的利益，因此，搞清楚顾客需要什么，是销售成功的首要步骤。

其次是要明白产品的竞争核心是什么。

销售员的狭义解释就是卖东西，那么，所谓“卖价值”自然就是指卖你的产品的价值与自我销售的价值。怎样提炼产品的核心卖点，是“卖价值”的根本。“你的产品是什么”并不重要，“消费者觉得你的产品是什么”才最重要。

（1）每个产品都应当向消费者传播一种主张、一种建议、一种承诺，要让消费者知道购买产品能获得怎样的利益。

（2）这种承诺应是其他竞争对手无法提出或未曾提出的，要别具一格。

（3）这种承诺要以消费者为核心，易于理解与传播，具有强大吸引力。

确有其实：产品要确实具有你所主张或提到的功效，要确实能满足消费者的一些需求，也就是产品的核心价值必须是真实的，不能欺骗顾客。我们都清楚产品的质量与品质是一个企业的生命，产品的核心概念依托产品的实际功效而生。但是，应当注意的是，在对产品进行核心概念的提炼，确定产品的功效诉求时，必须站在顾客的角度，以市场为基准，而不能仅以产品的功效排序来决定我们该把产品说成什么（这个时候产品发明人与科技人员的看法通常也会错误）。如果一种化妆品的功能排序是减皱、去斑、防晒、美白，但市场需求排序则是美白、防晒、去斑、减皱，我们坚持的依据自然是要以市场需求为准则。

确有其人：意思是说你所诉求的产品功效与卖点一定要有相当数量的受众，即一定的消费者或潜在数量足够大的消费者，不然你就很难获得销量保证，盈利就变得相对狭小。假如有一种不仅能解决太空飞行员的头晕问题还能快速治疗感冒的药品，企业应当把它诉求成哪一类药物呢？当然毫无疑问是要选择后者。产品只有拥有足够的需求者才有其开发推广的价值。进行产品核心卖点的提炼，务必让这一卖点是面向大多数人而非极少数人。需要注意的是，这绝对不是说诉求产品卖点时必须是多多益善，你如果希望自己的产品老少“皆宜”男女通吃的话，通常会失去自己的核心竞争力与消费人群。这个定位目标市场的问题多和少要在具体权衡利弊之后，才能获得正确的判断。针对以上的例子来说，你总不能指望全世界有限的几个宇航员给你增加丰厚利润吧！

确有其特：你所提炼出来的产品核心诉求必须有自己的特点，要能与其他同类产品与竞争者有所区别。随着科学的发展与技术的进步，产品同质化也越加严重，特别在产品充分占有市场化的领域里更为突出。面对这种情况，拥有自己的特点就成为产品推广的必要步骤。

确有其途：这个“途”是指捷径，意思是说你所提炼出的产品核心概念一定要易于广泛传播，便于理解、记忆。产品核心概念的总结应当尽可能地避免使用拗口、不易理解的学术用语，而要用语生动、亲切，富于想象。目的就是要让大部分的普通消费者听得清楚，记得牢固，一切烦琐、模糊的语言只会令企业花费大量的资金对产品实施无谓的解释。

做有技术含量的“价格战”

作为企业，首先应该认识到，价格战是有效的，也是最直接的竞争手段。如果认为价格战只是低水平的营销，这是清流思维；认为价格战不赚钱，这是简单思维。敢于发动价格战，打出高水平的价格战，并在价格战中赚钱，这是战略思维。一个不争的事实是：那些以价格战闻名的中国企业，在产业发展过程中，基本上都是最后的胜利者。

价格战不是谁都能玩的。如果不是行业巨头，发动价格战也没人应战，也不会改变行业的价格体系。能够发动价格战，能以价格战改变价格体系，并最终改变行业格局，这样的价格战为什么不能打？

除了价格比别人低，什么配合措施都没有，这是处于生存边缘者经常玩的把戏，这种行为不能称为价格战。单方叫阵，没人应战，自己跟自己玩，这种做法不是价格战。如果以这种思维想象行业龙头的价格战，那么就犯了“以己之心，度人之腹”的错误。

一场好的价格战，既能扩大市场份额，又能清理门户，还能赚得免费的广告，同时还能盈利。然而，把大众认为简单的价格战打出技术含量，并不是简单的事情。

打价格战之初是赔钱的，打赢了价格战就赚钱了。赚钱的关键在于“未来销量”，所以称为“未来销量”式价格战。

经典案例：白象

20 世纪 90 年代中期，白象崛起之初，当时方便面的利润很高，主流产品是 70g/ 袋的包装。白象开发出一款 100g/ 袋的产品，投放山西市场。白象 100g/ 袋的价格仅仅比对手 70g/ 袋的产品高一点，价格非常有竞争力。

试想，重量差别这么大，价格仅仅差那么一点点，无论对谁都有吸引力。但是，按照白象当时的成本结构，这种价格是不赚钱的。为什么不赚钱呢？因为白象当时的产量比较低，固定成本比较高，较高的固定成本分摊到较低的产量上，成本当然很高。

然而，白象最终赚钱了。因为价格战，使白象的销量急剧扩大，迅速成为山西拥有最大销量的企业。以扩大后的销量分摊固定成本，成本结构发生了根本性的变化。在价格战过程中，竞品不敢应战，因为如果应战，实际上是拿 100g/ 袋的包装与自己的 70g/ 袋的包装竞争，打垮的不是白象，而是自己赚钱的老产品。

白象的价格战，技术含量有三点：一是白象开辟了一个新的产品包装和价格区间，价格战不影响自己的老产品；二是对手不敢轻易应战，对手如果应战，是在“新老产品互搏”，损己不损人；三是以“未来销量”为现在定价，即以价格战成功后的销量给成功前定价。只要打赢了价格战，销量上升了，成本结构一定发生变化。

国美的价格战也属于此种模式。在国美亏损时，黄光裕还在坚持做两件事：一是快速扩张；二是打价格战。快速扩张，就是用未来销量支持打价格战。这种价格战的技术含量在于：成本结构是动态变化的，价格战的目标就是要通过市场份额的改变，来改变成本结构。

这种价格战应关注的是，如果以静态成本看待价格战，那么销量越大，亏损越多。很多企业正是因为按照静态成本计算，因而不敢打价格战。

不同策略的价格营销

价格营销是讲究策略的，而不是不顾后果一味降价。无度降价只会两败俱伤，而有策略的降价，却能够出其不意地打败对手，在轰轰烈烈的价格大战中获得最后的胜利。总体来看，比较切实可行的价格营销策略，主要有以下几种：

1. 结构性的价格营销

只有价格可比，才有价格战；要价格可比，必须产品可比；产品可比，一定是同质化产品。所以，价格战实际上是同质化产品之战。

经典案例：火腿肠行业

火腿肠价格战之初，春都是第一品牌，双汇是第二品牌，春都的销量比双汇大。价格战开打之初，双方的产品结构差不多。在那个供不应求的年代，谁有心思去做产品结构？规模是第一位的。

1997年亚洲金融危机后，所有火腿肠的主流产品价格和质量急剧下降。最初的价格下降，损失的是利润。价格下降到一定阶段，开始出现亏损。亏损的价格战怎么打？

春都的做法是不打价格战，因为它的品牌比双汇厉害。双汇的做法是继续打价格战，但同时推出毛利很高的新产品“王中王”。这个产品推出很艰难，为此，几乎把整体营销队伍，从副总到业务员，进行了整体更替，结果是高端产品占比急剧提高。双汇再用“王中王”获得的利润支持普通火腿肠打价格战，逼着春都不得不应战。

春都当时面临两个选择：如果不应战，市场份额下降；如果应战，利润下降。春都最初选择了不应战，结果销量下降；后期开始应战，结果市场份额和利润同时下降。最后，一个行业龙头企业几乎消失了。

杀敌一千，自损八百。这是很多人对价格战的直观认识，事实也确实如此。因为以“清理门户”为目标的价格战，要让对手退出市场，没有“自损八百”的勇气是不行的。那么，在“自损八百”的同时怎样才能不输掉价格战呢？关键是创造赢利的产品，以赢利产品的利润支持亏损产品打价格战。

价格战越惨烈，“失血”越严重。在“失血”的同时，要找到能够“输血”的空间。那么，在打垮对手的同时，还能够在价格战中赢利。

双汇打赢价格战的技术含量在于：规模分摊成本，结构产生利润。行业成长期，毛利很高，规模是第一位的。行业成熟期，“规模优势”可能变成“规模包袱”，即规模越大，亏损越多。解决的思路就是用结构创造打价格战的空间。

2. 寻找“竞品平衡点”

“竞品平衡点”式价格战，以“清理门户”为目标的价格战多属此类，多发生于产业集中的晚期。

经典案例：彩电行业

长虹发动过多轮价格战。第一轮、第二轮，目标是市场份额集中，迅速成为行业龙头。这两轮价格战之初，彩电行业的毛利很高，所谓的价格战只是降低了毛利。结果该做大的做大了（长虹等），该死的还没死掉（中小彩电企业）。

从第三轮价格战开始，价格开始低于盈亏平衡点价格，有规模的企业可以赢利，没有规模的企业肯定亏损。短期亏损还能支撑，长期亏损或者参与多轮价格战，就会被淘汰，从而实现产业集中。

行业的成长期，价格战可以扩大份额，但无法置对手于死地。到了行业成熟期，当市场容量无法扩大时，争夺“存量”的竞争必然导致价格战。这种价格战的结果通常是“清理门户”，“清理门户”一定要清楚对手的盈亏平衡点。

这种价格战模式的技术含量在于：发现压垮对手的“最后一根稻草”。

当对手已经接近于盈亏平衡点时，摸准对手的盈亏平衡点规模和价格，发动致命的一击，就可以“清理门户”。有这种意识的企业不多，但不少企业无意中做到了这一点。

3. “盈亏平衡点”式价格营销

上一个价格营销策略是针对竞品的盈亏平衡点，现在这个价格营销策略讲的是自己的盈亏平衡点，目的是拉开与对手的差距。

经典案例：格兰仕

格兰仕从卖“鸡毛掸子”转行做微波炉时，广东有上千家企业，毛利高得很，都活得很滋润。格兰仕做微波炉后，率先降低毛利，两年后就跃居行业第一。以后，格兰仕的规模每跃居一个级别，盈亏平衡点价格就下降一个台阶，格兰仕就做一次降低。

格兰仕的多次降价其实没有明确的对手，但他们的目标很明确，就是拉开与对手的差距。同时，让那些想进入微波炉行业的潜在对手断了想法。

这种价格战是真正的王者之战，真正的王者是没有对手的，它的对手就是自己。把每一个盈亏平衡点都当作新的起点，通过降价扩大规模，逐步让盈亏平衡点上移，就能够独步天下。

4. 显性业务价格营销

有些行业的业务结构可以分为两块：一块是众目睽睽打价格战，但是不赢利的“显性业务”；另一块是不受关注却能够赢利的“隐性业务”。

只要是显性业务，一定是对手的靶子，面临过度竞争，最终难以赢利。规模和品牌都是营销的显性要素，所以，规模不经济和品牌无溢利是正常的结局。但是，显性业务却为企业锁定了客源，产生了现金流，这就为企业从事隐性业务提供了支持。因此，显性业务最后会变成企业的“诱饵业务”，即为真正盈利的业务提供客源和支持的业务。

经典案例：麦当劳模式

麦当劳无疑是世界知名品牌，但麦当劳希望通过品牌溢价获得品牌溢利的期望可能会落空，因为它的对手肯德基和汉堡王也都是知名品牌，特别是肯德基在选址上采取跟随策略，麦当劳开到哪里，肯德基就开到哪里。如影相随的肯德基使麦当劳失去了品牌溢价和品牌溢利的能力，麦当劳和肯德基的价格战倒是经常上演。

麦当劳的赢利模式不是品牌溢利，而是隐性利润。麦当劳是零店选址专家，只要麦当劳入驻某个零店，就能够带动该店附近的地租盘升。麦当劳通过对店址的长期租赁和购买，低价获得店面的使用权或产权，然后通过逐年分租逐年提价的形式提高价格，获得高额利润。因此，有专家评价麦当劳“本质上是娱乐行业，获利靠房地产业”。可见，“娱乐业吸引客流＋食品业产生现金流＋房地产利润”是麦当劳的隐性业务利润模式。

用动听的语言去描述价值

描述产品价值是我们日常体验中的一种价格营销方法，它是运用语言描述在我们心里创造的一些图像、声音、气味、感觉等。不要等到顾客上门了才开始思考你的用词，平时就要一百遍一千遍地研究与练习你创造描述价值状态的语言技巧，或称为创造感觉的语言艺术。

现在举一个例子让大家看看如何利用描述价值做营销。

有一次，有个朋友告诉笔者一个营养品的效果，他绘声绘色地告诉笔者一个本来面色浅黄的女孩，是如何吃了一个营养品之后脸色开始变得红润娇嫩起来的，还有精神也开始变得振奋。本来笔者只是姑且听之，听着听着自己都觉得心动不已了——“给我带一瓶吧，兄弟。”就这样，笔者被自己常在提及的招数给击中了。这就是创造感觉的语言艺术的魅力，明知人家是在运用技巧，还是心动得想试一下。

在与跟顾客说话之前，你不但要想好各种场合下的每句话，在表达时更要注意自己说话的语气和语调。因为你说话的声音不同，给对方的感觉也会不一样。同样是“讨厌”两个字，一个女孩子对一个陌生人讲和对自己的男朋友撒娇地说，两种感觉完全不一样。这就是语气语调的差异给对方的感觉不一样。

请用不同的语调读出下面三句话，仔细体会一下声调语气的变化给人不同的感觉：

· 你真坏！（无奈、玩笑、撒娇、痛恨）

· 你说呢？（疑问、取笑、生气、关心）

· 我理解你！（同情、不耐烦、嘲讽、口是心非）

声音是语言表达中最重要的工具。在介绍产品的过程中，尽量运用语调、速度和语言等三方面的变化，使表达更生动自然。没有激情的销售很难给客户留下深刻的印象。很难感染客户，更谈不上“价格营销”了。

当你的顾客进入你的店铺，你上前跟他沟通的时候，你说的每一句话，都要使客户感到悦耳、动听、舒适，这样客户才会愿意并喜欢和你沟通。想要了解自己的声音是否具有吸引力，可以把自己的话录下来然后仔细听，你就会知道自己的声音是什么样子了。你很快就会发现，自己的声音哪里缺少感性色彩或语调变化，你的嗓门听上去是高了还是低了，你的口齿是否伶俐、吐字是否清晰，弱音、重读是否能区分得出来……如果不是，那就加强练习。

在表达中，如果你想强调某句重要的话，一个最好的办法就是将这句话的最后几个字轻柔地讲述出来。让我们以下面这句话为例来验证一下这个技巧。你可以用正常的音量和语调来讲这句话的前半部分，然后用轻柔的语调把最后的几个字说出来。

“如果我想强调哪一部分，我就——轻轻地，说出来。”在运用这一技巧时，你可能发现客户常常会向前倾，以听清楚你在说些什么。这证明你已经完全赢得了客户的注意，他已经被你所描述的产品价值所打动。

另外一个描述产品价值的常用手法是停顿。它能增强你说话的语气，令你更好地思考，以及让听众更有效地聆听、领会和记住你所说的话。此外，你还可以利用停顿来观察你的听众是否对你已经理解和认可。在表达中，如果你在某个地方停顿一两秒，你将发现它能大大增强你的表达效果。读下面这句话，在“那么”一词之后停顿一下。“如果我想引起对方注意，那么——我会停顿一下。”在你停顿之后，你会发现对方给予了热切的关注。因为这种停顿唤起了他继续听取下文的兴趣。

在与客户沟通时，要保持热情、自信、风趣的状态，这样的肢体语言会让客户觉得你是一个精明能干而且很专业的营销人员，他们就会相信你的推荐，和你成交的可能性就很高。一定要注意，客户很在意你给他的感觉，他会根据你给他的影响而决定是否向你购买。

在对产品的价值描述中，与客户沟通不在于你说什么，而在于你怎么说，并让客户感觉到了什么。生活是一门艺术，沟通表达更要讲技巧，不同的语言会产生不同的效果，这就是高手和普通人的区别。引起客户的兴趣是所有销售的开始。再好的产品，如果客户不感兴趣也不会购买，更何况现在同类产品的厂家众多，要想赢得客户的青睐和信任，首先你必须要让对方注意你，并对你的产品产生兴趣。

在与客户沟通之前，你要问自己下列问题，并分别用一句话来回答：

· 我要说什么？我的策略依据是什么？

· 我要表达的中心是什么？

· 哪一种表达方式最有可能达成目的？

· 我能否充分论证这一表述？

· 是否还有其他与此相适应或相关联的必要表述？

· 这一表述是否与我的客户的需要和兴趣相关？

要揣摩客户的心理，客户没有时间反复和你讨论过程，他只关心结果；客户没有时间反复和你交流沟通，他只关心自己的利益和好处。麦肯锡公司要求每一位咨询顾问要在 30 秒之内，说明你的意图并将你的方案营销给客户，你能做到吗？

无往不利的营销话术

“为什么有人会比自己成功十倍，收入多百倍乃至万倍，难道真是他们比自己聪明那么多倍，运气好那么多倍吗？显然不是。那么，你想不想知道他们是如何做到的？”这是世界行销大师杰·亚伯拉罕为一家国际训练机构作课程推介时所做的广告名言。当你看到这段话，你是不是至少有兴趣翻看这份 DM，看看后面的资料，看看里面说的是什么秘诀和方法。

你必须对你自己的产品、服务、建议、方案等十分了解，同时也要对你的客户非常了解，以确保你能在 30 秒内清晰而准确地将自己营销出去。如果你有很多建议，就选择最重要的三个乃至其中最重要的一个进行解说。在解说时要注意语言的变化，缺少变化的语言会使场面显得呆板而沉闷，而你所说的一切也将变得枯燥乏味和苍白无力，因此你也不会受到客户的青睐。

人们在一定的语意流中只能捕捉到有限的信息量。这就意味着，即使客户有时间听你讲话，他也不可能把你说的话完全吸收进去。因为听众的持续注意力只有 30 秒。环视你的房间，把注意力集中在一盏灯上。不出 30 秒，你的注意力就会转移到其他的东西上。假使这盏灯可以跳动或者发出声音，也许能重新引起你的注意。但是在静止不动或没有任何变化的情况下，它就无法继续吸引你，使你失去对它的关注。这种规律被广泛运用于广播和电视广告当中，几乎所有的电视或广播广告，其节目长度是 30 秒，这就是“30 秒注意力原理”。

一个人在听你说话的注意力持续时间是30秒，这也意味着如果你想让他们一直保持兴趣和注意力的话，那么每隔30秒你就要有些变化。

如果你想吸引客户的兴趣，那你自己必须变得很有趣。销售高手都能保持灵活，适时调整他们的谈话风格、声调、措辞、手势和谈话的距离，以便与客户合拍。你必须是一个细心的观察者，你需要眼观六路，耳听八方，不断尝试改变你的沟通策略。你可以微笑、打手势、往前移动、变换位置、大声讲、轻声说、语速增快、语速降慢、停顿、设问以及使用幽默、夸张或情感渲染等表达手段。这些东西都能够对激发顾客的想象力，增加你的吸引力，这是价格营销销售过程中必不可少的。

在你刚开始试着让自己的语言和动作有所变化时，你可能会觉得有些不自然，但只要你勤学多练，一定会大大提升你的语言影响力。顶尖的销售高手是能不断变换手段的变色龙。

“当你使用它的时候……”这句话具有暗示的效果，具有价格营销的作用。在客户的潜意识里灌输他已经购买这个产品，你现在是在教他怎样使用产品，而不是说服他购买。当客户在潜意识里认可了这个产品，就会激起对产品的占有欲，从而产生购买的欲望。

不同的词语是具有不同的暗示作用的，有些词语可以帮助你对客户进行价格营销。

和客户沟通要习惯说“当”，而不要说“如果”或“假如”。比如“当你使用这台笔记本电脑的时候，它会大大提高你的办事效率，并给你带来最好的效果，我敢肯定你一定会非常喜欢并乐于使用它”。这样能挑起客户的占有欲，并引起兴趣。而如果你说“假如你有这样一台笔记本电脑，你使用起来会非常方便”，这样的语言会使客户感觉——我也许会拥有它，也许不会。

成交高手喜欢用“我们来——”句型刺激客户的购买欲望。因为这样会营造一种合作的气氛，表示“你”和“我”是站在同一阵线，而不是相互对立。如果你说“我们来做某某事”，客户就不会产生压力，甚至会认为这就是双方的共识。如果对客户说“我们来看看，如果你今天购买产品，你能得到哪些额外的优惠”，就远比平铺直叙地说“你今天购买产品，一定物超所值”好听多了。其实两种说法的结论是一样的，但是“我们来——”句型让客户更容易接受。

“我们现在要向你证明，这种服务‘如何’为你节省更多的钱”作为开场白，绝对优于“采用我们的服务，绝对可以帮你省钱”。因为“如何”一词引起了客户的好奇心，是开启客户心灵的一把钥匙。“想不想看看某种东西‘如何’运作？”相信任何人都会感到好奇，忍不住靠向前去听听他们还要说什么。

去翻翻销路最好的流行杂志，数数上面的标题用了几个“如何”。再观察其中的广告和文章，算算有多少“最新”和“即可”，因为大家都喜欢“最新”的方式，享受“即可”的满足。因此，建议你在销售过程中，常用这些词汇。

当你问一个人：“你对于那东西的感觉如何？”这是一个很容易回答的问题。如果你问别人的感觉，他们没办法不去表达自己的感受。当你问一位客户：“你对目前生意状况的感觉如何？”或“你对最近一次选举的感觉如何？”你的问句是完全中立的，且绝对不会得到一个非常情绪性的反应。

一般人会对“认为”的问句感到有些犹豫，但是一旦他们有答案时，他们会比较坚定地维护自己的立场。

“感觉”是个很温和的字，“认为”比较强硬，而“依你之见”则是最肯定。当你问“依你之见，这是不是能够解决你问题的最佳选择？”你就是在请这位客户提出最确定的立场。假如他是肯定的，他就会决定买。

也有些话语会勾起客户对过去购买某样东西的恐惧的回忆，这些词语我们就要尽量避免使用：不要说“买”，要说“拥有”；不要说“卖”，要说“参与”或“帮助”；不要说“生意”，说“机会”；不要说“消费”，要说“投资”；不要说“很便宜”，要说“很经济”；不要称对方是“客户”，要称“服务对象”；不要说“你的反对意见是什么”，而要说“你的疑惑是什么”。

经常使用刺激消费的用语，会让你的销售业绩成倍增长。很多词语都能够表达强烈的言外之意，这些词语都是一些具有价格营销性的词语。在销售时使用这些具有关键意义的充满感情色彩的词语，会增加感染力，有助于调动客户的情绪，促进成交。销售的“风格”总比“技巧”更重要，而经过千锤百炼的价格营销术之词语，正是营造这种“风格”的关键，同时也更能够凸现成交的威力。所以平时要养成收集各种词汇的习惯，这就是精通表达技巧的第一步。好的营销话术能够鼓舞客户，吸引客户，更能够娱乐客户，引导客户点头称是。只要平时多加练习，一定让你的说服力大增，进而大幅提升你的销售业绩。

营销中的人格背书

销售是一项人与人打交道的工作，是你主动寻找客户的工作，假如你的顾客连你本身都不能接受、依赖，那他更不可能购买你的东西，所以，有这样一句话流传在销售行业中："营销人员在销售自己的产品之前，首先销售的应该是他自己！"

日本销售大师原一平，他在自己27岁时进入日本明治保险公司从事营销工作。那时候，他穷得没有饭吃没有地方住。但是，一位老和尚的话影响并改变了他的一生。一天，他向一位老和尚销售保险。在听完原一平详细的解说后，这位老和尚淡淡地回答："你的介绍一点也没能让我产生投保的兴趣。"老和尚看着原一平接着说道："人们在互相交流时，必须要有一种可以强烈吸引住对方的魅力，假如你无法做到，那你将来也就没有什么前途了。年轻人，你还是先抓紧时间改造你自己吧！"

如何将自己销售出去呢？下面是如何将自己营销给自己，从而令自己成为一个顶级销售员的十大准则：

1. 要肯定自己

营销人员是整个营销活动最重要的组成因素。只有能从根本上接受自己、肯定自己、承认自己，营销人员才可能为做好营销工作树立信心。一个人连自己都讨厌和嫌弃，那么，客户肯定也不会喜欢你。香港营销大王冯两努就曾说：“营销人员成功的秘密武器，是以最大的爱心去喜欢自己。”

2．培养良好的行为习惯

有人可以每天至少打 50 个业务电话，有人习惯每天只打 5 个电话；有人下班了却还在忙着，也有人不到下班屁股就坐不住了；有人每天晚上都计划好次日的行程，有人却永远都不清楚今天早上应该干什么……习惯都是人们在不知不觉中养成的，习惯也在鬼使神差中造就或阻碍着自己，这就是习惯的能力。

每个人都是习惯的奴隶，良好的习惯使你一生获益。假如你是名营销人员，可以先问下自己有哪些能够帮助自己成功的习惯。

3．要有计划有安排地工作

你的客户是谁？他的住址在哪里？从事什么工作？爱好是什么？你怎样去接触他？假如你是一个营销人员，你可以通过自己的评量去选择一个行业或是一个区域，然后让自己深入了解这个行业的动向或这个区域的特点，找出与目标顾客共同的话题。

日本营销大师尾志忠史前去向一位外科医生推销百科全书，而这位外科医生正是他的同事们屡攻不下的。他在拜访这位医生前，做了一番了解，他了解到医生的母亲是开澡堂的，而这位医生很喜欢研究蕨类植物。当他敲开这位医生的门时，一切就如同他所意料到的，他被医生下了逐客令。

但尾志说“我是从你母亲那里来的，应该有机会同你谈谈吧”，这一句话引发了医生的好感。尾志来之前特意带了百科全书中有蕨类植物的那本。交谈时，翻开哪页他都事先计划好了，结果自然是签到了一笔订单。

4．要有专业知识

营销人员应该具备商品、业务等相关知识。这个产品的功能是什么？你们能否提供安装服务？面对客户的咨询，如果你不能马上给予回答，“我先去查看下”“这个问题我暂时回答不了”“这一点我不太知道”……你的价值马上会打折。

5．注意建立顾客群

一位营销新手在向一位超级营销人员请教时，正巧有一个业务电话打来，只见她马上从身后的柜子里找到这位顾客的资料，档案中详细地保留着这位顾客的一切甚至每次服务的内容，当问她业绩为何会那么优秀时，她立刻拉开档案柜回答道：“因为我有600位客户在这里。”

广结善缘，在平时注意建立属于自己的客户群，远比只认识几个人更能保障你的业绩。

6．要有坚持的精神

被顾客拒绝一次，10个营销人员有一半会选择放弃；被拒绝两次，一半里又走掉2个；当被拒绝第三次时，就只剩下一个人会进行第四次尝试，这时，他已经没有了竞争对手。

某个保险公司总经理用“50–15–1”原则来鼓励营销人员们要坚持不懈。“50–15–1”的意思是说每50个业务电话，仅有15个表示对方愿意同你谈谈，而这 15 个中只有 1 个人会买你的保单。没有坚持不懈的精神就没有良好的业绩。

成功的营销人员是屡败屡战的，他们通常认为成功只是一个阶段，失败只是暂时的，它是获得成功前出现的一种不正确的方式。在失败中他们学到了更改的方法，督促自己进步。正是因为不断的改善与进步，才有了最后的胜利。正像一位生意场上的高手所讲的：“一份心血一份财，心血到了财才来。”

7．只做正确的事

营销人员营销商品或服务本身是一件对的事情，可做得正不正确就值得商讨了。女人买化妆品，当然不是为了这些化学成分，而是为了年轻与美丽；申请使用信用卡，必然不是为了一张塑料卡，而是想要获得方便与自豪。你清楚什么是他想要的吗？

8．向别人的优点看齐

每个人都有属于自己的优点，可惜的是，人们都忽略了别人的长处而只欣赏自己的优点。成为强者的最快方式就是向他们学习；一样的道理，想成为超级营销人员就要学习别人的优点。美国一位超级营销人员曾这样讲过：“许多人惊奇为何我这样一个在 30 年前就已取得营销成功的人，现在依旧关注有关营销的新书籍。因为我觉得营销工作与其他部门的专家一样，除非选读有关专业的最新文献，否则，是不能维持我的最佳业绩的。”

9．学会积极正面思考

请将失意、沮丧、迟疑等一系列的消极情绪整理打包，扔进垃圾桶里。

要知道除了自己，没人可以打败你。武侠小说大师古龙说得好："一件事有很多个面，如果你总是朝坏处想，那你就是在虐待自己。因此，即使遇到打击也要看开些，想办法捕捉光明的一面。"

10．树立良好的个人形象

你给人的第一印象是怎样的？一个有着整洁外貌的人更容易获得别人的信任与好感。心理学家曾做过这样一个实验：他安排衣装整齐与衣装沾满油污的两个人，分别在绿灯时穿越马路。结果发现衣装笔挺的人，他的跟随者比较多，而穿着邋遢的却只有少数甚至没有人愿意跟随。可见"人靠衣装"还是很有道理的。

将自己营销给别人

世界上的任何东西，只要能卖出的就一定会有一个买主，当你要营销自己时道理也是一样的。因此，你要先站在买者的位置，问下自己：有人想买我吗？

鉴于你经常在某些时候，用某种方式向某人或某些人营销你自己，因此你必须显著突出。为了达到目的，你必须令自己变成大家喜欢的样子，要让别人按照你的方法做事并保持同你一致的看法。你要努力改变自己的看法和观点，让别人喜欢你、尊敬你。

你有必要仔细考虑下你留给他人的印象，从内在到外表，是否都做得不错呢？

一个人要注意自己的形象美，一件畅销品更是如此。不少销量大的产品制造商、销售商、广告代理商以及市场调查人员经常在产品包装上注入很多心血，他们对产品的大小、形状，甚至颜色的设计和研究都细致而周密，做这些设计其实就是为了满足顾客的心理要求——看来好看，用来放心，如此才能保证产品畅销。

从理论上，产品的包装和内容十分重要。产品的内容是指产品所具备的内在品质。对一个人来说，他的人格可以从他的眼神、笑容、言语、行动以及态度等展现出来。

包装是指外表，好比一个人的肤色、体态以及穿着。你在强调自己的内在美时应懂得怎样发挥自己的内在优势。

也许你曾收到过包装破烂的包裹，你一看到马上就猜测里面的东西是不是也坏了。同理，一个人的外在形象直接反映着他的内涵，如果别人不信任你的外表，也就意味着从根本上就不信任你。所以你必须让自己有个良好的外在形象，而这首先要注重保养。以下谈到的一些养生原则，或许会对你有所帮助。

多多洗澡——洗澡使你看起来精神奕奕，有时候，你也可以喷点香水，但要适度。

保护头发——常洗头，保持头发光滑整齐，千万不要让满头的头皮屑影响了你的外形，使他人疏远你。

脸部淡妆——假如你是女性的话最好适当化妆，化妆可以展现你更好的面貌，但是不要浓妆艳抹。

注重修面——每天两次。男性同志可以放一支电动刮胡刀在你的办公室或橱柜中，或选用好的刮胡霜来保持面部的干净。

修剪指甲——女士们需要选择好的指甲油，令自己的双手更加漂亮。

减少污点——男士们的指甲要保持清洁，避免被香烟熏黄。

保持身材——拒绝臃肿肥胖，现在就开始健身锻炼。

注重仪态——无论是站立或走路，都要记得抬头、挺胸、收腹。

此外，一个人的衣着也代表着他的身份，“人要衣装”有许多窍门。衣服如何选择，如何穿着，同你的职业、时间与地点等决定性因素有着直接关系。既要穿着得体又得注意场合，比如，一个人穿着晚礼服搭配着皮大衣到饭店或剧院会显得十分醒目，可假如这样的装扮出现在白天的商业会议上就会变得滑稽可笑。有一位职业心理医生，他非常注重工作时间的穿着，这样可以使自己的顾客放心，然而，一旦到了晚上，他就会穿着牛仔裤、皮衣，戴项链和星座吊坠，甚至有人指责他这样的穿着有点过，他也丝毫不在意。如果他在工作时间这么穿的话，他的顾客肯定全跑光了。

杰姆逊·哈迪是营销训练的创始人之一。他一直坚持穿胸前没有口袋的西装，他觉得那些口袋会令那些与他谈话的人分心，因为口袋里的纸巾、钢笔、或者雪茄等会令人分散注意力。这真是个奇怪的习惯！但他犯了个错误，实际上，许多人会由于他胸前无口袋而分心，他们通常盯着他西装领口旁边那块空处，丝毫没有注意到他讲什么。

流行恐怕是这个世界上最让人难以捉摸的了。今年流行宽宽的领带，明年可能又换回窄领带了，背心与西装的颜色可以是调和色或者是对比色，西装长短也可以随意改变。针对这样复杂的变化，这里有一些穿衣指导：

切忌吝啬——买最好的衣服，因为质量好的衣服穿起来会让你显得更精神。前提是在你力所能及的范围内。

你可以在上班、工作、宴会、旅行、休闲等不同场合和时间选择不同服饰，并选择合适的搭配。

适当场合——不要穿着牛仔装约见银行总裁或是穿着西装去踢足球。

定期烫熨——注意使你的衣服保持洁净，油污、斑点或是皱褶只会令你的形象大打折扣。

小心整理——小心悬挂，切勿过分折叠，好的衣服要注意保持它们的形状。

选择饰品——颜色花哨的领带、太大的皮带或过于沉重的首饰，会转移别人对你的注意力。

鞋袜搭配——鞋子、袜子与衣服应要搭配合理。要根据场合和时间，对鞋子进行不同的选择。

鞋子保养——鞋子要保持干净、整洁，保持鞋子的完整性。

总的来说，要尽量将自己装扮成别人都喜欢“买”的人。只有这样，你才能变成“畅销品”。

有一次，欧洛·罗伯兹应约去奥克拉荷马州土尔沙的罗伯兹大学进行秋季开学典礼上的演讲。他是一位很有信仰兼成就的人，他擅长克服困难且不让困境决定自己的命运。他以电视和收音机为传播媒体，将自己独特的营销原则和信仰带给上百万人。同时他创建了一所大学，培养了无数优秀的青年，甚至在土尔沙设立了一家大医院，专门致力社会医疗服务。

罗伯兹深知应当如何营销自己。凡是听过他演讲的人都说：“他改变了我的人生。”作为特邀演讲嘉宾，他只是个中学都没念完的人，然而面对的却是台下成千上万的大学生。假如再早3年，就算他在营销方面有一定成就，他不一定会被邀请，原因就是那时他是个胖子。除了工作，他整天都在忙着吃。

在罗伯兹大学，一直都实行这样一条规定，而且每位学生都必须遵守。这就是：“保持身段，不然就离开！”或许，这个要求很苛刻，但是这一点却是对的。这所大学里的学生不能超重，每个人都有一次减肥的机会，如果办不到的话，就必须离开学校。你可以不认同这种做法，毕竟那只是个私立学校。你或许觉得这样做有些专横，但其实你能说那些学生保持适当身材、身体变得更健康是错的吗？这样的学校，你觉得他们会邀请一个胖子去做演讲吗？

第五章

价格攻略：轻松玩转价格营销

价格对于市场的稳定、大客户的维护，起着至关重要的作用。开发一个大客户不容易，维护好一位大客户更是难上加难。在那些大客户身边，总是围绕着数不尽的竞争对手。有时候一不小心，你辛辛苦苦培养出来的客户，就会成为别人盘子里的菜。

产品的“价值感”非常重要

调查显示，所有的成交都是建立在顾客的好感之上的，任何一次交易都包含着顾客“买的感觉”。这种感觉可能是顾客对产品的感觉或者是顾客对销售员本身的感觉。如果顾客对产品十分有好感，但对销售员有种厌烦的感觉就意味着交易失败；如果顾客对销售员有感觉，但对你所销售的产品没有兴趣那就意味着销售成功了50%；如果顾客对产品以及销售员都有感觉那就意味着销售成功。

一对夫妻，花了很久的时间找到一只他们十分喜爱的古玩钟，他们决定只要售价在600美元以下就把它买下来。但等他们看到上面的标价时，丈夫犹豫了。

“哎呀，”丈夫悄悄说，“它的标价是800美元，但我们说过600美元以下，我们还是放弃吧。”

“我知道，”妻子说，“但我想试试，万一店主可以卖得便宜点呢。毕竟，我们是找了很久才找到的。”

他们私下商量了一下，由妻子去试着同店方讲讲价钱，即使她认定600美元买到这只钟的希望很小。

于是，妻子来到柜台前对钟表售货员说：“我注意到你们有只小钟要卖。我看了它的标价，我还注意到价标上有一层尘土，这为小钟添加了几分古董色彩。”等了一下，她接着说：“你想知道我要干什么吧，对你的钟我想出个价并且只出这一个价。我相信这会令你震惊的，你准备要听了吗？”

她特意看了一下售货员的反应，说道：“哎，我最多只能给你300美元。”

没想到售货员听了这句话后，眼睛也没眨一下就爽快地答应：“好！成交！”

你猜妻子是什么样的反应？他们俩欣喜若狂了吗？不，事实的结果绝对是你所想象不到的。

“我真的是好傻，这钟根本就不值那么多钱……里面可能是缺少了什么零件，不然为什么会那么轻呢？要不就是质量低劣……”妻子越想越觉得心烦。

虽然，夫妻俩还是把钟摆到了家中的客厅里，并且这钟看上去效果十分好，很美，好像工作也没问题，但她跟丈夫总觉得不放心并且他们总是被这种感觉所笼罩。

待到他们退休，这种不踏实的感觉更加强烈了，夫妻俩每晚都要起来三四次，这是什么原因呢？因为他们觉得自己没听到钟声。日夜难安直接导致他们的身体渐渐地垮了，甚至患了高血压。

为何会出现这样的结果呢？根本原因就是那个钟表售货员竟然以300美元将那只钟卖给他们了，他这种爽快的行为令这对夫妻认为钟不值300美元。我们可以深入到他们的内心，仔细分析一下他们的心理反应：值得确定的是，他们在购买那只钟的时候并没有从购买行为中获得一种价值感，简单的理解就是人们常说的这个价买这东西值了；相反的就是感到上当受骗了。这就是为何会出现上述现象的关键原因。

价值感果真如此重要吗？那是当然了！倘若上面的故事还不足以说服你同意这一观点，那就再来看看以下这个案例吧。

美国的服装商德鲁克尔兄弟一起开了家服装店，他们对任何一位顾客都十分热情。弟弟每天都站在服装店门口向行人营销。但这兄弟俩的耳朵不太灵敏，常常听错彼此的话。通常是，弟弟十分热情地将顾客拉到店中向顾客反复推荐某件衣服，推荐这件衣服是怎样物美价廉，穿上以后是怎样得体、漂亮。很多顾客被他这么劝说一番之后，都会有意无意地问："多少钱啊这衣服？"

"耳背"的弟弟将手放在耳朵上问："你说啥？"

顾客以为对方没有听到，就又提高声音问一遍："这衣服是多少钱？"

"哦，你问多少钱啊，十分抱歉，我的耳朵不大灵敏，请您少安毋躁，我去问下老板。"于是弟弟转过身去向那边的哥哥大喊："这套纯毛××牌的衣服是卖多少钱呀？"

这时，哥哥从座位上站起来，看了一眼顾客和那套衣服，说道："那个呀，70美元。"

"什么？"

"70美元。"哥哥再次大声喊道。

弟弟回过身来，笑着对顾客说："先生，这套衣服40美元。"

顾客一听，匆忙掏钱买下了这套物美价廉的衣服，溜之大吉。

这是为何呢？原因很简单，顾客认为这件衣服值，没花几个钱就穿上了“名牌衣服”，自尊感与身份感都得到了体现。

其实，德鲁克尔兄弟俩的耳朵根本没什么毛病，他们懂得，营销不只是销售的艺术，除了说服客户要来买还要为顾客营造出一种价值感，这是非常关键的一点。实际上，他们的顾客的确从购买行为中获得了相当的价值感，心中自然感到很得意。两兄弟采用这种方法经营得很成功，赚到了很多银子。

因此，销售的目的不仅是为了达成交易卖出产品，更重要的是令顾客从购买行为中获得一定的价值感，意思就是要令消费者对自己购买的产品感到心满意足，感觉自己的购买抉择是正确的。

价格营销要瞄准客户心理

价格营销策略是否适当，往往决定产品能否为市场所接受，直接影响产品在市场上的竞争地位与所占份额，从而关系到企业的兴衰成败。价格营销策略是定价目标与方法的组合，也是定价科学与艺术的结合。定价策略能否达到预期目的，与其是否透彻地了解、娴熟地把握消费者心理息息相关。因为尽管定价策略多种多样，受多种因素影响，但它总是通过人（消费者）起作用的。

对消费者心理的任何忽视，都将招致销售量的锐减，甚至定价策略的完全失败。因此，在市场经济条件下，价格营销策略的制定，必须以认真研究消费者心理活动及其指向性为基础。例如，随着经济的发展，消费需求层次趋向多样化和个性化，消费者对商品和劳务的购买，已不再是从无到有的过程，而是追求完美与展示个性。由于消费者的经济收入、文化程度、社会阶层及个性特征各不相同，其对商品的心理价值的评定，会大相径庭。因而，满足他们不同层次的需要，应有不同的定价策略。一件昂贵的时装，对于追求实用、实惠的经济型消费者来说，会觉得不可理解，不值；但对追求时尚与象征意义的消费者，却觉得穿在身上体面、潇洒，物有所值，不贵。文化层次较高的消费者，独立意识强，有判断产品优劣的理性头脑，只要产品的先进性是客观可靠的，价格即使贵一些，也可以理解。因此一些高科技和技术密集型产品，在知识分子聚集区，售价高一些，也能为目标市场接受。由此可见，在适当的销售场所，针对目标顾客，制定符合其心理要求的价格，就能成功，否则，只能受到冷遇。本文将就我国现阶段消费者对价格的心理反应及企业应采取的定价策略，作一探讨。

1. 非整数定价和优惠价

随着市场经济的发展，社会经济层次日趋分明，消费者按自身经济条件规划生活，将成为趋势。因而以收入层次划分的求实心理，表现会十分显著。零售企业在制定商品价格时要因势利导，充分考虑到消费者这一心态，制定相应的价格策略。

非整数定价又称为“尾数价格”。它是利用消费者的价格错觉，针对消费者求实求廉的心理，在商品价格尾数上做文章，旨在使消费者产生“便宜感”“准确感”“实在感”。例如，一双皮鞋标价 98 元，就比标价 100 元的销路好。因为消费者会从心理上认为这是百元以下的开支，而且认为这种价格的制定是认真的、准确的。而100元的定价则是概略性的，不准确，由此产生不信任感。在市场经济发展过程中，非整数定价已经被越来越多的零售企业所采用。由于各地消费者的风俗习惯和价值观念不同，不同的国家或地区运用此法又有差别。例如，美国零售商多采用奇数定价。奇数是单数，其心理作用是单比双少，价格便宜。在日本和港澳地区，尾数是“8”的价格较多见，“8”与“发”谐音。人们往往乐于接受这个有吉祥意义的数字。根据这一情况，采用非整数定价策略，可有意识地选择消费者偏爱的数字，增强购买动机，以促进商品销售。

优惠价是一种以减价、折扣等方式，来争取顾客的策略。例如，根据购买的金额或数量给予一定幅度的折扣优惠；对于经常购买某种商品的顾客给予优惠；对于在商品试销期带头购买的顾客给予优惠；对于在商品淡季购买的顾客给予优惠等等。优惠价格的心理作用是直接而显著的。因为消费者确实从中得到了利益，从而有效地刺激和鼓励消费者大量购买乃至连续购买。日本东京银座美佳西服店，为了打开销路，采用优惠折扣价格颇获成功。该店规定：本店所有西服一律折价，第一天九折，第二天八折，第三、四天打七折，第五、六天打六折……第十五、十六天打一折。开始一两天，顾客不多，大多是探听虚实，第三、四天逐渐增多，第五、六天人满为患，争相购买。以后，日日爆满，不到“一折”期限，西服早已销完。这是一则运用成功的优惠折扣价销售法，它妙在抓住了消费者的求实求廉心理，争取了顾客，提高了市场占有率。

2. 炫耀：显贵心理与声望定价

现代社会，人们往往通过消费来肯定自我价值和表现自我。有些人为了显示自己的社会地位、经济实力和生活情趣，不惜一掷千金，表现出明显的炫耀性和显贵的消费特点。如请客必上“星级”饭店，穿戴服饰必用“名牌”产品，出行代步必是“轿车”“的士”等等。对于这类消费者，售价偏低反而卖不出去。在巴黎的一次世界博览会期间，一位法国人有意要买一套中国瓷器用于家庭陈设，当他看到一套景德镇出产的茶具才卖 300 法郎的低价时，马上打消了购买的念头。这是高价炫耀心理未能得到满足的必然反应。一些名店名品，应针对消费者炫耀与显贵心理，运用声望定价策略，即将商品价格定得高于同行的同种商品，以迎合这类消费者。北京“燕莎”“赛特”经营上万元的皮鞋、上千元的钢笔，能顺顺当当卖到一些“高档消费者”手里，就说明迎合了这部分消费者的需求。利用炫耀心理定价时，应该把价格向整数靠拢。如定价为 990 元就不如 1000 元显得档次更高。所以，声望定价策略，又可理解为整数定价策略，整数价格为消费者购买高档商品提供了方便，同时能满足其显贵的特殊心理。

3. 追求时尚消费与竞争导向定价

消费时尚是在一定时期中，社会上普遍流行的消费风气和习惯，追求时尚消费的消费者从众心理明显，在消费者行为上表现为同调性，即较强的趋同与攀比心理。这种心态在中国市场上，显得尤为突出。如，20 世纪 70 年代末的喇叭裤，80 年代中期的“彩电热”和“冰箱热”，90 年代的卡拉OK自娱方式和“住房维修热”“学车热”等等。每个时期的消费时尚，都反映了人们价值观、审美观的变化，反映了消费者追求时尚、追求新奇、顺从社会风潮的心理需求。事实上，基于维护和提高自我观念的心理需要，为求社会认同，获得必要的安全感，大多数消费者都会追随消费时尚，并以此为荣。因此，时髦商品的心理价格也会大大提高，引发消费者的购买热潮。为此，企业的定价策略不是根据经济规律、分析消费者的实际购买能力，以求匹配，而是把握消费者的从众与追求时尚心理，重点掌握流行时尚商品的价格趋势，保持与竞争价格大致类似的价格水平，就可以奏效。

竞争导向定价，主要依据竞争者的价格来定价，但不一定与竞争者的价格完全相同，只是保持一定比例，稍高稍低或与竞争者相同价格出售。例如一些高档销售场所的流行时装，可高于竞争者价格，以维护企业的地位与高贵形象。一些企业为了提高市场占有率，可适当低于竞争者价格，而在市场上无优势而言的企业往往与竞争者同样价格出售。

4. 求新、猎奇心理与撇油定价

一些颇具特色的新产品投入市场后，最早接受者中的许多人，都是具有求新和猎奇心理的消费者，具有这种购买动机的人在购买商品时，较重视商品的“奇特”和“与众不同”，而把商品的实用性和价格的合理性放在次要地位。这种购买者以经济条件较好的城市男女青年为主，他们购买商品时，容易受广告宣传和消费潮流的影响，表现出明显的感情性和冲动性。针对这种购买心理，企业可采用“撇油”定价，即通过制定较高的价格，将超常规的高利润像撇取牛奶上面那层奶油一样迅速收回。特别是对于需求弹性小，又独具特色的产品，更适用“撇油”定价法。美国 SCM 公司设计生产一种新型电烫斗，比一般产品只不过多一个指示灯，成本差别不到一美元，却以高出一般电烫斗五美元的价格吸引了一批早期采用者，获取高额利润。1992 年春，呼啦圈开始出现在北京市场，由于舆论宣传的力量，人们认定呼啦圈有着健美身体的奇妙作用。于是成本一元左右的产品，价格提高到七八元，还是吸引了许多早期采用者，通过他们使呼啦圈广为流行。靠这小小产品，北京有 30 多家工厂挣足了钱。“撇油”定价的优点，在于可以提高独特产品在早期采用者心目中的档次，满足他们求新和猎奇的心理，增加对他们的吸引力，扩大产品销售量，从而在短期内收回投资，获取高额利润。

综上所述，消费者对价格的心理反应，是纷繁多样的。在实际市场营销活动中，应针对不同商品、不同消费者群体的实际情况，在明确消费者心理变化趋势下，采取切实可行的定价策略，以保证企业营销活动的成功。

与客户讨价还价的技巧

营销人员要知道，客户对价格往往是最敏感的，他们讨价还价的行为是很正常的，它可能会使你们的洽谈时间过长。但这个时候，营销人员最需要表现出来理解和耐心，切不可浮躁耍脾气或者爱答不理，更需要热情地配合他们进行价格上面的商讨，并不断加强他们的购买行为是出自他们自己的真实意图，直到此次交易成功为止。

优秀的销售者都知道，在商谈的时候，绝不能站在被动的位置，被客户牵着鼻子走，而要掌握主动权，积极突破，寻找胜利的曙光。这点尤其重要，特别是在客户处于犹豫不决，不知道是不是应该购买的时候，你更应该帮他一把，让他迅速掏出钱包来付账。

在这里介绍一种方法，你可以提出一些假定的问题，而这些问题只有在成交时才会出现。不要小瞧了这些问题，它们可能会帮了你的大忙，因为你提出的问题只是在假设的情况下，所以对方回答的时候会有一种“不用负责”的感觉，于是在轻松欢快的环境里给出回答，常常会为之后进一步成交做铺垫。

如果你是一位保险工作者，你需要说服对方购买你的保险，这个时候客户已经有了些许同意的迹象，这个时候，你就可以问：“如果签下了这份保险，您认为受益人这栏应该填谁的名字呢？”如果你是一名销售，此时客户即将决定是否购买你的产品，你就可以问：“如果您要购买，付款的方式是用支票吗？”当然，如果你也可以用选择的方式，促使对方购买，你提供两个选项，迫使对方在两者中做出选择。

例如，在物流方面，公司提供二吨和四吨的服务，当客户有购买意向却没有最终决定的时候，你可以提出：“这两种服务都挺好的，但还是四吨的运输比较好吧？”或者，在商务谈判中，所有的事情都进行得非常顺利，只剩下付款的期限问题对方还没有定夺下来，这时，你可以提出：“您认为分期付款的期限，五年好呢，还是三年好呢？”

这种做选择题的方法可以经常使用，不但你可以将对方的答案控制在你的选择项里，而且可以把主动权牢牢地掌握在自己手中。

另外，当你已经能够感觉到对方是乐意购买的，推测到对方最终会答应这笔交易，一旦你胸有成竹，那么这个时候你可以提出：“这样吧，我明早再过来拜访您，贵公司上班时间是早上九点吧？”

如此一来，可以肯定，对方同意交易的决心会变得更大。

有钱人并非“不在乎”价格

在很多人的印象里，有钱人的钱要比穷人的钱好挣得多，业务员向有钱人营销东西，应该更容易些，但事实上并非如此。这些财大气粗的大客户，实际上并不是那么容易搞定。有不少业务员，在拜访完这些客户之后，总是忍不住抱怨：有钱人太挑剔了，不论我怎么努力劝说，他总能找到理由拒绝我们的产品！

这些客户有巨大的购买潜力，这一点是毫无疑问的。但他们为什么就是不肯掏钱，问题的症结在哪里呢？如果你经常接触到这些大客户，就会发现一种很有趣的现象，他们总给人一种矛盾的印象。一方面，他们很节省，你无法说服他们购买哪怕一件很不值钱的商品；另一方面，他们又很阔绰，在一定的场合下一掷千金，很容易被说服。

其实，这种现象我们并不陌生，也许你本人就具备这种特质。

比如，在平常生活中，人们可能因为囊中羞涩而省吃俭用，但到了请客送礼的时候，却可以很排场、很张扬。再比如，一些家庭省吃俭用，甚至不惜背一身债，只为考上大学的子女读得起大学。很多家庭节省了一辈子，图的就是为了盖一座像样的房子。

诸如此类，不一而足。

人们在不同的消费领域采用了两种不同的消费水平，并用一方的收敛节俭来支持另一方的支出花费。也就是说，他们消费的策略是让自己的一部分生活先富起来。

因此，我们发现，客户消费生活存在两个领域：一个是需要先富起来的领域，一个是还需要节俭的领域。也就是说，人们通过在其他领域的节省、抑制和延迟享受，来支持某个特定领域的消费享受的提早实现。具体体现在以下三点：

（1）客户根据时尚和“面子”的标准来进行消费（装修、家具、电话、手机、服装等）的领域，往往比较奢侈。在不为外人所知的领域（饮食）则往往比较吝啬。

（2）父母往往首先满足子女的消费水准（如：教育消费），自己的消费则放在其后，能省就省。

（3）在交际消费上，大客户往往采取慷慨和好客的策略，以维持“面子”，避免因为“小气”而被人看不起。而在私人消费上，则有可能对自己抠门。

在这方面，穷人和富人并无本质上的区别。即使是那些腰缠万贯的有钱人，也并不是都那么慷慨大方。他们在某些领域，甚至吝啬得要命。

在这里，大客户在两个不同领域分别采取了两种不同的消费策略：节俭主义的策略和享乐主义的策略。节俭主义的策略是抑制欲望，把需求降到最低或较低的水平。享乐主义的策略是紧跟消费的潮流和时尚，追逐消费生活的品质和快乐。他们有如两栖动物，在水域和陆地分别按不同的规则来生存。因此，他们可以形象地称为“两栖”消费者。

一句话，大客户行为的本质是什么？一半是“吝啬”，一半是“奢侈”。

如果我们能抓住大客户消费者的命脉，在他们乐于消费的领域进行说服，必然能事半功倍。而我们需要做的，就是通过分析，判断客户在哪个领域是“奢侈”的，哪个领域又是“吝啬”的。然后根据不同特点，对症下药。

“二八定律”在客户中的运用

二八定律，又叫巴莱多定律，它是19世纪末20世纪初意大利经济学家巴莱多发现的。他认为，在任何一组东西中，最重要的只占其中一小部分，约20%，其余80%尽管是多数，却是次要的，因此称“二八定律”。

“二八定律”在营销活动中是一个具有普遍性的规律，如果一个业务员足够细心的话，他就会发现，通常80%的业务收入是由20%的客户创造的；在销售公司里，20%的营销人员带回80%的新生意，等等。“二八现象”竟如“黄金分割”一样普遍。

业务人员要想快速提高自己的业绩，必须努力寻找属于自己的目标客户群，避免重复无效的行销资源浪费，从你做市场一开始，就要争取发现“对的”客户，懂得如何挑选客户并想办法“锁定”他们。你要用80%的精力找到20%属于自己的顾客，再以80%的服务满足这20%的人群。能做到这一点，你的业绩必将突飞猛进。这个定律在很多销售行业中都是有效的，很多人的销售统计每年都在验证着它。

举个例子来说，一名业务员全年签订单的客户数目有50个，订单有500万，那么每个客户产生的订单金额会是极不平均的：其中的400万应该只来源于10个客户，而其余40个客户总共不过贡献100万销售额。然而，这位销售员的工作时间分布却看起来很均匀——如果每个客户产生的订单金额基本相等的话。但事实上这样的“均匀”分配大大地委屈了我们的重要客户，因为贡献了80%订单的他们才得到了20%的销售时间，貌似平均的时间分配导致了宝贵的资源没有用到刀刃上。

对一名业务人员来说，只要保住了20%的优质客户群，就等于保住了业务的半壁江山。所以你必须特别重视这20%的大客户、重点客户群，用80%的精力服务、巩固并发展这20%的客户，他们将为我们赢得80%的目标业务。

事实上，很多成功的行销公司，无不遵循着80%的业务收入是由20%的大客户创造的这一定律。有的公司还专门成立大客户部，直接服务于这20%的最优客户，并以各种方式提供VIP式的服务，留住他们，提高他们的忠诚度，进而发展自己，提高经济效益。

对于销售中的“二八定律”，业务员即使没有这个理论知识，从自己的实践中也不难总结出来。但事实上，没有遵守这个定律的业务员却大有人在，有很多半生不熟的销售都会有意无意地浪费自己过多的时间在那80%的客户上。那么，难道他们不知道应该把时间多花一些在20%的“刀刃”上吗？根据我的观察，有些业务员是初上手确实不知道，有些业务员则是根据客户的态度慢慢选择形成的。对我们态度友好、有时间和我们聊的客户那里就喜欢去，经常去；而对我们态度冷淡、没有时间和我们聊的客户那里就不喜欢去，甚至怕去。

但可惜的是，那些重要的客户往往由于事务繁忙平常不愿意见业务员，即使见面也只有很短的时间给我们，并且有很多竞争对手的业务员也想见他更加剧了这种情况。我们跑到那里去，往往要慨叹“我本将心向明月，奈何明月照沟渠”了。而那些不太重要的客户本来就相对比较空闲，竞争对手去得也少，有人倒是很愿意和我们聊，并且聊得很投机。这样不同的氛围当然就容易使得我们大把的时间都花在不出产订单的地方了。

在营销活动中要想运用好“二八定律”，必须懂得分配好时间。

首先善于分析总结，在较短的时间内准确判断出究竟哪些客户是高产客户，值得分配80%的精力去频频拜访，而哪些客户只需要保持一定频率的联系即可。

其次是克服自身的心理障碍，敢于在难接触但是重要的客户那里投入时间和精力，遇挫而不服输，最终将其拿下。

仔细揣摩客户的心理

说服客户的关键是了解对方的心理，客户的购物心理是指客户在成交过程中发生的一系列极其复杂、极其微妙的心理活动，包括客户对商品成交的数量、价格等问题的一些想法及如何付款、选择什么样的支付条件等。客户根据自己的需求，到商店去购买消费品，这一行为中，心理上会有许多想法，驱使自己采取不同的态度。它可以决定成交的数量甚至交易的成败。因此，我们对客户的心理必须高度重视。

1. 求实心理

很多客户都是实用主义者，他们购买物品时，首先要求商品必须具备实际的使用价值，讲究实用。对那些华而不实的产品，他们是不会花钱购买的。

2. 求新心理

这种心理动机很好理解，就是以追求商品超时和新颖为主要目的，他们购买物品重视“时髦”和“奇特”，好赶“潮流”。在经济条件较好的城市男女中较为多见，在西方国家的一些客户身上也常见。例如，来我国旅游的一对瑞士夫妇，穿着奇特，与众不同，当营销人员向他们介绍古戏装时，他们非常高兴，当即购买了两套，并说明回国后举行生日宴会时穿出来，让所有的宾客感到惊奇。

3. 求美心理

爱美之心，人皆有之。喜欢、追求商品的欣赏价值和艺术价值，在中青年妇女和文艺界人士中较为多见，在经济发达的国家的客户中较为普遍。他们在选择商品时，特别注重商品本身的造型美、色彩美，注重商品对人体的美化作用、对环境的装饰作用，以便达到艺术欣赏和精神享受的目的。

4. 求名心理

大千世界，离不开“名利”二字，一些有钱的客户购买商品，纯粹是为了显示自己的地位和威望。他们讲名牌，用名牌，以此来“炫耀自己”。具有这种心理的人，普遍存在于社会各阶层，尤其是现代社会中，由于名牌效应的影响，吃穿住使用名牌，不仅提高了生活质量，更是一种社会地位的体现。因此，这也是为什么越来越多的“追牌族”涌现的原因。

5. 求利心理

这是一种“少花钱多办事”的心理动机。其核心是“廉价”。有求利心理的客户，在选购商品时，往往要对同类商品之间的价格差异进行仔细比较，还喜欢选购折价或处理商品。当营销人员向他们介绍一些稍有残损而减价出售的商品时，他们一般都比较感兴趣，只要价格有利，经济实惠，必先购为快。具有这种心理动机的人，以经济收入较低者为多。当然，也有经济收入较高而节约成习惯的人，精打细算，尽量少花钱。有些希望从购买商品中得到较多利益的客户，对商品的花色、质量很满意，爱不释手，但由于价格较贵，一时下不了购买的决心，便讨价还价。有的为了一元钱或几角钱，必要争论不休，以致想买的东西买不成。

6. 偏好心理

这是一种以满足个人特殊爱好和情趣为目的的购买心理。有偏好心理动机的人，喜欢购买某一类型的商品。例如，有的人爱养花，有的人爱集邮，有的人爱摄影，有的人爱字画，等等。这种偏好性往往同某种专业、知识、生活情趣等有关。因而偏好性购买心理动机也往往比较理智，指向也较稳定，具有经常性和持续性的特点。

7. 自尊心理

有这种心理的客户，在购物时，既追求商品的使用价值，又追求精神方面的高雅。他们在购买行动之前，就希望他的购买行为受到营销人员的欢迎和热情友好的接待。经常有这样的情况，有的客户满怀希望地进商店，一见营销人员的脸冷若冰霜，就转身而去，到别的商店去了，甚至再也不愿光顾那家“冷若冰霜”的商店。

8. 仿效心理

这是一种从众式的购买心理动机，其核心是不甘落后或“胜过他人”，他们对社会风气和周围环境非常敏感，总想跟着潮流走。有这种心理的客户，购买某种商品，往往不是由于急切的需要，而是为了赶上他人，超过他人，借以求得心理上的满足。

9. 隐秘性心理

有这种心理的人，购物时不愿为他人所知，常常采取“秘密行动”。他们一旦选中某件商品，而周围无旁人观看时，便迅速成交。女青年购买卫生用品，男青年为异性朋友购买女性用品，常有这种情况。国外一些政府官员或大富商购买高档商品时，也有类似情况。

10. 疑虑心理

这是一种思前顾后的购物心理动机，其核心是怕“上当”“吃亏”。他们在购买物品的过程中，对商品质量、性能、功效持怀疑态度，怕不好使用，怕上当受骗，满脑子疑虑。因此反复向营销人员询问，仔细地检查商品，并非常关心售后服务工作，直到心中的疑虑解除后，才肯掏钱购买。

11. 安全心理

有这种心理的人，他们对欲购的物品，要求在使用过程中和使用以后，必须保障安全，尤其像食品、药品、洗涤用品、卫生用品、电器用品和交通工具等，不能出任何问题。因此，非常重视食品的保鲜期、药品的无副作用、洗涤用品有无化学反应、电器用具有无漏电现象等。在营销人员解说后，才能放心地购买。

每个人都有自己的心理账户

在商家的促销活动中，往往会挂满这样刺激眼球的标牌：“满1000减300”“满500减100”。这是商家惯用的把戏，其实里面大有玄机。

同样的促销力度，为什么不是“1000元后，打8折”呢?

“满减策略”大行其道的背后，是价格营销背后的客户心理学。

首先假设这两种情境：

第一种，你某天不小心剐蹭，修车花了1000元；心情不好，回到办公室，发现抽奖中了200元。

第二种，你某天不小心剐蹭，修车花了 800 元。

这两种情境下，你觉得哪种情境你会心情更好？我想大部分人会猜是第一种，而实验结果也是这么证明的。为什么呢？这是因为我们往往会为收益和损失设置不同的“心理账户”，并且往往用不同的方法来看待不同的“心理账户”。

修车花费是在我们心里的“意外损失账户”里，这时 800 和 1000 差异没有那么大，给我们带来的损失痛苦差不多。而“中奖”是在我们心里的“意外收获账户”里，200 元比 0 要多很多，可以给我们带来很多快乐。同样，满减策略也是用了这个原理。一件商品打 8 折，1000 元的东西付出 800 就能买到，差异貌似没有这么大。

但是如果是满 1000 减 200，感觉是自己已经付出了 1000 块（和 800 差异不大），然后又额外收获了 200 元（200 比起 0 差异很大）。更有甚者，很多商场采取满额返券的方式（比如满 1000 元，送你 200 元现金券，可以买任何东西），这更加强烈地区分了两个不同的心理账户，让消费者觉得自己获得的优惠更多。

每个人都有一个心理账户，你要别人买东西，其实就是要给他一个购买的理由来满足这个账户。可以先分析了解目标用户主要存在哪些心理账户，普遍舍得在哪个账户上花钱，然后运用情感化设计来突出强调。也就是为用户找一个冠冕堂皇的花钱理由，从而减少花钱的心理愧疚，促成购买。例如同样一件标价为 2000 元的衣服，如果是给自己买可能觉得贵，舍不得买，但如果是送给心爱的人的生日礼物，可能就会毫不犹豫地买了。

这是因为用户把这两类支出归到了不同的“心理账户”，衣服买给自己的是“日常衣物支出”，但是买给心爱的人则会归为“人情或情感维系支出”，显然大多用户会更舍得为后者花钱。

1. 分析和总结客户的“心理账户”

有些客户会在最初就表明自己的心迹，营销人员接下来需要做的就是，一一解答他们提出的问题，消除他们心中的各种顾虑，而成为促进他们做出购买的决定。

也有不少客户，并不会首先就将自己关心的问题和盘托出，这无形之中就会增加营销人员洞悉客户的难度。造成问题的原因有可能源自营销人员，也有可能是因为客户某方面的顾虑，或者客户对整个销售活动缺乏思想准备，没有全面的了解，一时还搞不明白自己应该从哪些问题入手。如果客户不愿意或者不能准确地表达出他们真正关心的问题，那么营销人员就要对当前信息进行认真分析和总结，以便找到客户比较关注的内容，并及时为客户提供比较有效的回复。

对客户所表露出的信息，营销人员首先需要针对这些信息去伪存真。比如当你已经知道客户具有较强的购买能力和产品需求时，而这个时候客户却声称自己没有买这个产品的打算，那么客户很可能是对产品本身存在不同程度的怀疑。通过对信息的去伪存真，掌握客户流露出的真实信息，再经过自己的深入理解和分析，营销人员需要对这些真实信息进行一定的总结，然后进一步通过其他途径了解客户最关心的是哪些问题。

2. 采取试探和倾听的方式获取有效信息

不管是在哪一次沟通过程中，询问和倾听都是促进销售过程顺利进行的重要途径。在了解了客户最关心的问题之后，能够进行合适的试探和倾听无疑同样是十分有效的方式。

营销人员："能说一说对我们公司以及这一产品，您存有哪些疑虑吗？如果您愿意说的话，相信我会给您完美答复的。"客户："其实，我并不是完全了解你们公司，不过倒是了解一些这类产品的信息，因为有一些生产同类产品的厂家也和我们进行过多次联系……"营销人员："那么，和其他公司的产品做一番比较的话，对于我们公司产品的看法，您能说出来听听吗？"客户："根据我的个人了解，我觉得你们公司的产品在价格方面……"营销人员："对于其他方面的看法呢？"客户："除了价格方面，我还对产品的质量和售后服务好坏比较关心，你知道作为我们非常有必要了解这些情况……"营销人员："我理解您的感受，如果对于您这些问题我们都能解决的话，那么您对成交还有哪些要求吗？或者您还有其他方面需要补充的问题吗？"客户："按照我们通常的做法，交货日期最好是在……至于别的问题，我还有一些顾虑，就像……"

在询问和倾听的时候，除了要时刻保持真诚、热情，同时还得考虑所询问问题的引导性，要始终围绕客户关心的主题进行。这样的话，当你了解客户的顾虑并能及时进行解决的话，成交可能也就水到渠成了。在这个过程中，营销人员要牢记最重要的一点：让客户多谈自己的看法，即使客户谈论的内容与主题无关，也要真诚、耐心地倾听，再选择恰当的问题慢慢引导，进而提出成交请求，这样的销售活动往往能够相互受益。

3. 通过不同的途径了解客户心理

当你从客户那里了解的信息不能满足你的分析要求时，你不妨考虑换个角度或方法来解决。这样不仅可以拓宽了解客户的信息渠道，而且还能避免客户因为不耐烦而产生消极情绪。

比如，营销人员可以通过客户周围的朋友旁敲侧击，进而了解更多客户的信息。当然首先要找到和客户关系密切的人，并且能够保证他们给你提供充分有效的客户信息；营销人员也可以通过分析客户之前的购买经历，了解客户在平时的购买过程中比较关心哪些问题，客户对于产品的哪些方面比较感兴趣等等，过去的购买经历往往能够反映出客户的购买习惯。

只要你认真研究，就会很清楚地发现客户购买时所在意的问题，把这些问题能够预料到并且找到相应的解决办法，那么成交的概率就会大大增加。如果你不知道客户最关心哪些问题，那么你在营销过程中的努力很可能付诸东流，甚至起到适得其反的效果。客户没有兴趣也没有时间听你说一些他们毫不关心的话题。你的客户最在意什么，他们不可能主动告诉你，这需要你通过一定的途径来揣摩出来。如果你不能直接从客户身上得到他们最关心的问题，那么你不妨扩大调查的范围，这些间接的信息往往能够补充你当前信息的不足。如果你不了解客户最关心的问题，必须得继续努力弄明白，然后才能制定相应的解决方案，切不可盲目销售，你的小聪明往往是导致成交失败最直接的因素。

摸透客户脾气，迎合对方口味

与客户打交道的时候，最好能摸透对方的脾气性格，这对说服他大有帮助。

一个人一个性格，一个人一个脾气。和不同的客户打交道时，如果忽略了这一点，往往会遭遇“不对脾气”，甚至“话不投机半句多”的尴尬。

对一个做事雷厉风行、说一不二的人，你却慢条斯理，沿着羊肠小道跟他“绕圈”，只会让他不耐烦甚至躁动发火。

对一些优柔寡断的人，你也采用优柔寡断的态度与他交涉，常常会因为表达含糊，词义暧昧而沟通失败。

如果你的客户是个呆板而不懂幽默的人，你最好不要对他开玩笑。假如你偏用幽默的语言跟他讲话，他可能会不耐烦地说：“这个家伙，尽跟我说些无聊的话！”

对一些爱露“锋芒”的人，你如果处处抢他的“风头”，必然引起他的敌意和嫉妒。对一些“假正经”，你若真跟他“正经”起来，反而会遭到他的白眼。

许多事例告诉我们：如果你没把握住客户的性格，必将陷入难以自拔的困境。所以你务必要留意，在与客户沟通时，一定要细心揣摩对方的脾气，然后采取有针对性的沟通。

对不同性格的人，有不同的说服方式。有一个基本原则就是，采取与对方性格特征相反的态度。不过，这也只是个基本点，要参考着用。如果对一个生性懦弱的人采取强硬的态度，当然会遭到对方的反感。

细节决定成败

我们每一天所做的事，都会产生一定的影响力，而这些小动作会直接影响到客户刹那之间对你的看法，这刹那之间的看法可能只是出现了几秒钟，就会马上被放在客户潜意识的信息夹中。所以有人说“从小处去观察人性”。

所有的企业家以及花钱的客户都擅长于此，举例来说，如果你在客户面前随便丢个垃圾，客户可能在他的信息记录簿上记录上你是一个随便的人；如果你跟客户约定的时间迟到了，客户可能就会在记录簿上记录上你是一个不信守承诺的人；如果你在麻将桌上为了输赢斤斤计较，客户可能在他的记录簿上记录上你是一个小气而且输不起的人……这些小事都会在关键的时刻起关键性的作用，有些人被客户放弃了都不知道自己为什么失去了客户，其实就是这些你认为是小事的事情在客户的大脑里起了化学反应并开始发酵了！

所以一个顶级业务员二十四小时都在做销售，不是销售商品而是在销售自己。销售自己就是为了未来说服客户做准备，先创建好自己无可替换的优秀形象以及人与人之间的信赖感。这也是为什么有些业务员可以在很短的时间就能说服客户，有些人却花了十倍以上的时间还达不到想要的效果的原因，我们所看到的常常只是他人成功说服那一段短的时间，却没有看到他为了说服客户所做的努力准备。

相反的，你也可以从小的地方去观察客户的小动作，从这些小动作去了解客户需要什么，这就是所谓的投其所好。平时就要开始去满足他的潜意识，不是等到说服客户的时候才去满足他，因为那时候就已经来不及了。所以如果你对客户的喜好了解得越多，你就越容易接近客户，所以成功的销售绝对不是运气，肯定是平常用心的结果！

要想赢得客户，你必须站在对方的立场上，用对方的眼光来看问题。你觉得在自己做销售的过程中，平常的努力以及用心的程度够不够，如果你是客户你会不会愿意向自己买东西呢？如果答案是否定的，那你就需要加倍努力了。

第六章

“价格营销”模式：让产品迅速火起来

商场里的反季节产品促销、冰柜里降价的酸奶、大张旗鼓的“买一赠一”活动，各种年终“大回馈”活动，无不让人怦然心动。消费者的钱包，随着这些令人眼花缭乱的价格营销手段，迅速流进商家的口袋。究竟什么样的价格营销模式，能让产品迅速火起来？

“捆绑式”价格营销模式

在企业经营中，有些产品看起来卖得很便宜，甚至是赔钱的，但企业却能够因此让他们的产品迅速火起来，并且使自己不断发展壮大。他们的价格营销模式往往让人雾里看花，很多人都在奇怪，这些企业究竟是怎样赚钱的？

商家都是很聪明的，他们很会玩价格游戏。比如，我们为什么经常看到很多商家会说“买 3999 元电脑，送耳机、送高档鼠标垫、送免费 1 年上门维修”，而不是把耳机、上门维修等价格都包在 3999 元里面？

是不是感觉很奇怪？同样是花 3999 元买了这一堆产品和服务，为什么要把某些部分说成是“免费”的？这是因为人对损失和收益的感知并不是线性的，假设你获得 100 元能得到某种快乐，而想得到双倍的快乐可能需要 400 元，而不是 200 元。

同样的道理，损失 100 元受到的某种痛苦，可能要损失 400 元才能感受到双倍的痛苦。所以，如果把所有的成本折到一起，给用户一个总价，让用户一次支出 3999 元，而不是感觉到多次支出（为电脑支出 3000 元，为耳机支出 200 元，为维修支出 200 元……），用户就觉得付出这些金钱没有那么痛苦。

所以，无数商家会说“买 3000 元电脑，包邮”，而不是说“总共 3000 元，其中电脑你花了2995元，邮费5元”。这就是为什么中国移动倾向于用“月套餐”让用户一次性支出一大笔，而不是每次电话短信流量都要重新付费。这也就是为什么健身房一直坚持年费会员而不是按照次数收费，用户觉得年费会员比每次都花50元更加优惠，但是实际上他们高估了自己将来的使用程度。

同样，如果把“好处分散”，用户感知到的“好处”也就会增加。所以商家不会说“卖给你一个套装，其中包括电脑、鼠标等”，而是说“买电脑，送鼠标、耳机，送高档鼠标垫和维修”。就像泰勒在《营销科学》杂志中发文说的：“别把圣诞礼物放在一个盒子里。”总之，为了让你觉得你受到了优惠，商家们会千方百计地捆绑损失，同时分散好处。

一个比较典型的企业就是索尼。索尼生产高性能的游戏机，为了迅速占领市场，而亏本降价促销。比如，索尼每卖出一台PS2，就会亏损37美元。

既然游戏机亏损，靠什么挣钱呢？索尼创造了全新的赢利模式：亏本卖游戏机，靠权利金挣钱。索尼PS的整个生命周期里，获得了1400多款游戏的支持。“第三方软件商”每销售一份索尼游戏，就要向索尼支付一定数量的权利金，游戏的权利金约为7到8美元。如果权利金是8美元，那么，只要每个玩家购买5份游戏，索尼就能赚钱，弥补37美元的游戏机销售损失。

索尼正是先凭借PS2的低价，迅速占领市场。而用户为了发挥PS2更强大的功能，会不断地购买游戏。游戏的热销，反过来又刺激PS2的市场占有率进一步扩大，吸引更多的“第三方开发商”开发更好玩的游戏。这样就形成了 PS2 的良性循环，索尼和“第三方软件开发商”都得到好处。索尼 PS 模式的特点是：通过低价销售 PS 锁定顾客并产生现金流，通过游戏“权利金”获取利润。

史玉柱是网游新赢利模式的探索者和规则的颠覆者。2006 年 1 月，免费版《征途》正式上线运营，公司通过出售虚拟装备获益，史玉柱开创的 FTP（free-to-play）模式落地了。

此前，以盛大为首的传统网游公司收入模式是 PTP（pay-to-play），玩家在游戏中的等级取决于在网上“耗”的时间长短，玩家为获得在线游戏时间而付费，公司的增收秘诀就是想方设法延长玩家在线时间。玩家连续十几个小时打游戏是家常便饭，社会各界对“上瘾”的非议多半由此而生。

通过吸引更多的客户更多在线时间而获得更多的收入，这是典型的规模经济模式。当网游竞争不那么激烈时，这种模式是有效的。然而，当对手通过价格竞争期望获得更大的规模时，规模变得不经济。

《征途》网游的特点是通过发放“工资”的形式，吸引更多客户更多在线时间，但通过销售网游“装备”获取收入。因为，网游的本质是竞争，竞争要靠技能和装备获胜，玩家为了在游戏竞争中获胜，就要向网游公司购买级别更高的“装备”，购买装备就要付费。《征途》正是靠此模式获取利润。“工资吸引客流，装备获取利润”是《征途》网游的隐性业务利润模式。

价格营销的模式千变万化，各有各的玩法。如果能够在这方面下足工夫，找到一些行之有效的价格营销策略，就能在激烈的商业竞争中开辟一片蓝海，赢得市场先机。

深入挖掘客户需求

当营销人员已经与客户建立了良好的合作基础之后，一旦发现客户对公司的其他产品有需求，那么这时你需要紧紧围绕客户的这些需求展开进一步营销，这样建立在合作关系上的营销比开展新的营销活动往往获得更高的成功率。

建立在合作基础上的销售更容易让客户接受

一些聪明的营销人员不会在实现原定的成交任务之后就满意收手，他们会根据客户言词间不经意吐露的需求展开进一步的营销。如果客户这方面的需求，刚好能促进公司产品销售量的提高，那么这些营销人员就会“得寸进尺”地针对客户的需求心理继续推荐其他商品。这些营销人员的行为绝非贪得无厌，而是一种强烈进取心的体现，他们是在追求自己利益和对公司负责的态度下驱使的一种想客户所想的认真表现。

如果客户实际上有这单交易以外的需求，而营销人员却因为自己工作不到位没有及时发现；如果营销人员发现了客户的某种需求，却没有与客户进一步交易的想法；如果营销人员知道自己的公司能够提供客户需要的产品和服务，却不去积极争取合作的机会等情况，那么这样的营销人员拿什么来对自己、对公司、对客户负责，而且他自身的定额销售目标又将如何实现呢？

所以，在与客户实现当前交易的基础之上，营销人员针对客户潜在的需求展开进一步的营销活动，不仅是十分必要和非常重要的，而且也有助于营销人员节省更多的营销成本。更重要的是，这样建立在原先合作关系上的营销活动往往更容易成功。之所以这样说，主要原因有如下两种：

（1）建立在已交易基础上的营销可以避免很多沟通障碍。

营销人员可以计算这样一笔账：发展一个新客户事先需要做多少准备工作，至少，营销人员需要去主动了解新客户的一些基本信息；然后用这些基本信息和新客户进行必要的沟通，这时才可能有机会与新客户进行实质性的销售活动，而这种机会的可能性却并不是很大；如果能有幸与新客户进入到实质性的销售活动当中，要获得新客户的信任又是一个任务，你至少要费很多心力与口舌让新客户对你个人、对你们公司以及公司的产品和服务等各方面的条件产生信任；最后在所有这些工作都进展顺利的基础上，你才可能与之达成最后的交易目的。

用“路曼曼其修远兮”来形容这一过程一点儿都不夸张，营销人员发展一位新客户所花费的时间和精力都是巨大的。而与已经就公司某项产品或服务达成交易的客户开展进一步沟通，营销人员就可以省去很多沟通障碍，不必再花费时间了解客户的相关信息，也不必费力将公司原则、服务质量保证的一些基本信息再向客户进行重申。

总之，建立在合作基础上的再合作使你可以直接针对客户的需求进入到最后的交易活动当中，此时客户对你的戒心已经基本消除，你们需要讨论的只是些合同中的细节问题，很快你们就能直接进入到协商交易的阶段！

（2）建立在已交易基础上的营销更容易引起客户的认可。

既然营销人员已经与客户就某项产品或服务达成了交易，那么就表明客户在各方面已经对你、对你的公司以及对你们公司的产品和服务产生了一定程度的认同。

通常情况下，如果营销人员及其公司能够满足客户在其他方面的需求，而且在先前的成交过程中又没有出现较大的不愉快问题，那么“再营销”将会很容易获得客户的认同。这时，你与客户的主要沟通工作就是协商彼此提出的交易条件，只要彼此的意见能够达成一致，那么这项针对其他商品的销售活动就会成功交易。

有技巧地了解客户的其他需求

营销人员若想在前一单交易成功的基础上对客户再进行进一步的营销，首先需要确定的是，客户是否有其他方面的需求，以及这些需求你与你的公司是否能够给予满足。如果营销人员没有去了解客户在其他方面的具体需求，即使了解了却不知道你公司能否给予满足，那么你就无法进一步开展有效的营销活动。

因此，营销人员必须要对客户的其他需求进行深入了解和认真分析，在了解客户的其他需求时，营销人员应该讲究必要的技巧和方式，否则就可能了解得不够准确和充分，对你的营销工作造成难度。在了解客户的其他具体需求时，营销人员需要注意以下两点：

（1）通过更广泛的途径了解客户的需求信息。

虽然在前期的交易中，营销人员已经了解了客户的基本情况，可是在了解客户的其他需求信息时，营销人员不要仅仅局限于客户本身，而应该通过更广泛的途径去进行了解和考察，只有这样才能更充分、准确地把握客户的实际需求。

比如，营销人员可以结合客户平时不经意的询问，去向客户周围的有关人员进行了解，如客户身边的助理、秘书、有关工作人员以及介绍你与客户认识的朋友等，确切地知道他是不是有这方面的需求；营销人员也可以根据自己以前对客户相关信息的掌握，进行必要的数据分析——对比客户以往的销售量和目前的销售方向，来分析客户对原材料的需求；或者，营销人员还可以进行切实有效的实际考察，来确定客户还需要哪些产品或服务。这些了解客户信息途径的方法，有助于营销人员掌握客户更充分的需求信息。做好这些工作，能为“再交易”提供更有力的保证。

（2）通过客户自身来了解他们的具体需求信息。

如果营销人员能认真留心并有意向客户展开巧妙的询问，通常都可以从客户口中了解一些十分有用的信息。在通过这种方法了解客户的具体信息时，营销人员一定要注意自己的态度和方式，善于把握说话技巧。

对于那些疑心较重的客户，营销人员最好不要过于直接地进行询问，而要在留心客户的反应下通过旁敲侧击的方法来了解自己想要的信息。例如：“听说贵公司最近打算要在 ×× 地区新开一家分店，那一定需要不少基础设备吧？”而对于那些对先前的成交结果比较满意的客户，营销人员一定要在表明你及你的公司愿意为其提供更多方面的服务，愿意与其保持长期友好合作的愿望下，用诚恳的态度向其进行询问，例如："除了合金制作的乐器，我们公司还专门针对高档乐器商店设计了多种优质的木制乐器，现在这种木制乐器特别畅销，您可以先看一看它们具体的制作工艺，如果您比较感兴趣的话，咱们今天正好有时间谈一谈……"

围绕客户需求展开新一轮销售

通过更广泛的途径和灵活的问话技巧了解到客户的具体需求之后，在公司能满足客户的这些需求的前提下，营销人员就需要围绕客户的具体需求展开新一轮的"攻战"了。在新一轮销售过程中，营销人员完全可以借助先前的交易基础来说服客户，这会让你的销售工作省时省力。

情景一

客户："我们确实有这方面的需求，可是目前却并不急着进行购买，因为已经有好几家公司与我们联系了，我们需要进行多方面的比较和周全的考察后才能下订单。"营销人员："这个我理解，任何交易都不能有丝毫马虎嘛，不过通过这么长时间的合作，您已经对我们公司的实力和产品的竞争优势有了很充分的了解，而且您也看到了我们公司的办事速度与信誉保证，当初选择我们公司作为合作伙伴，不就是因为我们在行业中占有的优势吗，如果我们的合作能继续下去，您不觉得是一件很愉快的事吗？"

情景二

客户："我觉得一下子做出这样的决定有些太仓促了，毕竟刚刚咱们才就××问题签署意向书，咱们过一段时间再谈这件事，好吗？"营销人员：

“正因为咱们之间已经建立了很好的合作关系，互相之间的了解更深了一层，所以您才可以更放心地与我们继续进行合作呀！况且，如果咱们现在能就这件事情谈妥的话，那么我们公司不仅可以让利几分，而且还能保证立刻发货，让您在利益和时间效益上都享有最大化的特别待遇。”

总而言之，在老客户身上开展新一轮销售活动的过程中，营销人员一定要紧紧围绕客户的实际需求采取相应的交易技巧，让客户始终感觉到你是在尽量满足其需求，这样才有助于交易的实现，也有助于今后的“再交易”。

虽然有了之前的友好成交为基础，你再向客户推荐其他商品时可以免除很多障碍。但是，在“再交易”这一过程中，营销人员最忌表现得过于急功近利，那样不仅难以实现成交目的，而且还会破坏先前你在客户心目中的良好印象，不利于你与客户友好合作关系的发展。

营销人员不要仅仅满足于与客户现有的交易，对于客户的其他需求，在你能满足的情况下，如果放过了，岂不是大失良机？所以，这要求营销人员要善于从各种途径对客户的其他需求进行深层次的挖掘，而具体的挖掘途径绝不限于客户本身。同时，在了解客户的其他需求时必须讲究一定的技巧，否则很可能会导致你把错误的信息当成客户的真实需求，导致你在新一轮的销售“攻势”中受挫。

价格谈判中要为自己保留余地

不管在什么时候、什么情况下都不要断了自己的后路，尤其是面对任何时刻、任何情形下都可能对你提反对意见的客户时，更加要为自己保留适当的余地，这样你才不会处于被动，而在整个销售过程中都可以处于上风。

在向客户营销产品时，有的营销人员觉得，一定要把公司产品的竞争优势向客户做一个全面介绍，介绍得越详细才更容易促进成交。其实不然，在进行实际销售时，并不一定说你把公司产品的竞争优势都一五一十地向客户介绍清楚，就会促使客户做出成交决定。其实，如果营销人员太早给客户透露自己的所有有利条件，反而会导致成交失败。因为在销售活动进展到后面，你手中已经没有任何筹码了，在决定成交的关键时刻再没有任何可以吸引客户的有利条件，导致没有转圜的余地。这是根据客户的实际购买心理总结出的结论。

1. 客户以为还可以得到更多优惠

在销售活动过程中，客户通常会这样想：一定要靠自己去争取，才有可能得到更多优惠条件，营销人员肯定不会主动提出。因此，当营销人员过早给客户透露出自己的所有有利条件时，客户并不认为这就已经达到营销人员的底线了，就算这个时候营销人员提出的那些有利条件已经能够解决他们提出的很多重要问题，甚至有可能比他们期望的条件还要诱人，但他们仍然会想要得到更多的优惠。

客户经常会有这样的想法，营销人员并不能埋怨客户“贪心不知足”

或者“欲壑难填”，因为很多客户根据自己多次的购买经验发现，只要坚持、努力争取，那么营销人员一定会做出退让，这样便能得到更多的优惠。其实客户也只是根据自己的购买经验想要为自己争取到更多的利益罢了，这并没有什么不对，相信大家应该都能理解。哪有人会愿意看着原本应该拿到手的利益白白溜走，所以客户在销售过程中才会不断向营销人员提条件。

因此，作为营销人员应该站在客户的角度考虑一下问题，理解客户的这个心理，并能根据这种心理随时调整自己的销售思路，以免在销售过程中失去主动地位。

2. 客户会对自己争取到的优惠更有成就感

客户在参与销售活动的过程中，对于吸引他们决定成交的条件，产生的感觉都会有所不同。比如，如果营销人员在销售活动初期进行产品介绍的时候就把这些条件都提出来了，但是一直维持到客户要做决定之前都没有任何变化，那么客户通常都会有失望的感觉，因为他们没有为自己争取到更多的利益，就算这些条件已经能够满足他们的预期标准；如果营销人员能在开始提有利条件的时候保留一部分，然后让客户感觉是在自己的努力争取下得到了更多的优惠，那么即使这些条件没有任何变化，客户也会觉得更有成就感，因为他们参与了使营销人员让步的这个过程，这让他们觉得自己更胜一筹。

对于客户的这种心理我们也应该理解，因为，不管营销人员强调多少次他们已经把所有最优惠的条件全部说出来了，但客户仍然希望自己可以在销售过程中争取到一点主动权，他们觉得不断地努力为自己争取到利益就能体现他们的主动权，在销售过程中就能处于上风。所以，营销人员不要觉得过早透露所有有利条件就是对客户的真诚，应该还要考虑到客户这样的心理需求，让客户在销售活动中能感觉到自己拥有了主动权。

总之，多考虑客户的心理需求，在销售过程中为自己留有余地也是一种有效的成交手段。事实证明，大多数销售活动中，采用这种方法能更有效地促进成交，并得到客户的赞许。因此，营销人员在进行营销时，不需要把所有的有利条件都全盘托出，可以保留一部分优惠条件，除非必要，或者到了紧要关头再作为杀手锏拿出来。

这种方法对于促进客户做出购买决定有明显的作用，而且有时候，营销人员还可以利用这些事先保留的有利条件换回客户的某些回报，这样既能尽早实现成交，还能帮助营销人员取得主动权。比如："您选择我们公司的产品可以获得三年的免费保养，如果能超过某个采购量，还可以免运费……"

在紧要关头使出"秘密武器"

如果营销人员在成交的紧要关头再把自己保留的"秘密武器"拿出来，客户一定会更加满意，如果能在销售活动中将这个成交技巧运用得炉火纯青，就算你的销售过程遇到了麻烦也一定会峰回路转。所以，在开展销售活动时，营销人员一定要仔细观察当时的实际情况，为自己留下一手作为最后的突破，这样才能在关键时刻推动客户，实现成交。但在实际运用时，我们还要注意两个问题：

1. 所保留的余地要适度

为什么要保留余地？其实就是为了给后面的销售活动留有回转的余地，所以如果要选择这种方法，那么营销人员保证自己留下的是极具说服力的“秘密武器”，这样在紧要关头才能产生效果，才能说服客户。

如果营销人员保留的“秘密武器”说服力不够，那么就算你在紧要关头表示可以作为客户成交后的补偿，但客户并不在乎这点点优惠，所以仍然不能实现成交。不过，营销人员在考虑保留余地的同时，一定要确保自己的销售活动能顺利进行。

假如在销售过程中，只想着为成交的关键时刻留有余地，而忽视了自己前期的销售活动，这样也不能对客户进行有效的说服，甚至销售活动还没进行多久就引起客户强烈的不满，根本就走不到需要使出杀手锏的时刻。因此，在使用保留余地价格营销策略时，营销人员要掌握好这个度，既要保证前期能通过产品的优势让客户对自己产品感兴趣，又要留有余地，在关键时刻可以促成客户决定成交。

比如，营销人员可以先给客户大致介绍一下公司产品的性能与服务优势，把一些关键的细节问题保留不说，虽然开始客户不会太关注这些小细节，但是越深入的交谈接近成交的时候，客户就会想要努力争取这些细节上的利益了。例如：

营销人员：“我们公司的产品您完全可以放心，质量上乘、性能优良是我们最大的特点……”

客户：“我仍然不太放心，毕竟很少听到你们公司这个产品，而且从来都没有合作过，也不知道质量是不是真的有你说的那么好……”

营销人员:“我很理解您的心情,其实您想的这些我们也早就考虑到了,您看,这是我们公司的产品手册和服务质量保证书,这里面有一条就是专门针对您所担心的这些问题的,如果说在三年之内您使用时出现了任何质量问题,我们公司都负责免费维修或更换,而且……”

2. 甩出保留条件时机要恰当

当营销人员保留了某些有利条件后,接下来要做的就是选择一个恰当的时机,使这些条件发挥作用促进客户做出成交决定了。那么应该如何来选择时机呢?不可能凭营销人员的主观意识随便选择,一定要注意将客户的现场反应与具体的销售情形相结合,再做出决定。

一般而言,当客户表示对现有条件不满足时,营销人员可以拿出“秘密武器”进行劝说;在客户已经有了成交意向,但还是有点拿不定主意时,也可以采用这种方法;还有,即使已经实现了成交,但仍然可以采用这种方法,借此消除客户心中最后那一点点担忧,或者为以后的长期合作打下基础。具体应该如何运用我们可以看一下以下的案例:

客户:“一般公司都能保证产品的质量和性能,但我更关注产品的外观,因为我们是要作为礼品送给其他客户的……”营销人员:“我明白您的意思了,要不这样您看行不行,我们可以免费提供产品外观设计,您看您具体有哪些要求我们先商量一下,然后把协商后的结果补充到合同上,到时候……”

客户:“你们的产品质量确实很好,在业界一直都有良好的口碑,服务品质也很好,但我不想现在这个时候买,说不定假期会打折呢!”营销人员:“一看您就非常了解我们公司的产品,但您也许还不清楚,我们准备在假期的时候新推出另一个系列的产品，所以到时候新产品会做促销，但您喜欢的那款产品不会做活动，现在做的活动就是针对您喜欢的这款产品的。如果您现在购买的话，我可以跟经理申请一下，再给您一点折扣……”

客户：“行吧，还是被你说服了……”

营销人员：“您不是也达到目的了吗？而且我们还能免费送货，您只要回去等着验货就行了……”

不要过早地把所有有利条件都透露给客户，这样不仅得不到客户的信任，还会让客户不满足，觉得没有成就感，在万般无奈的情况下做出退让，反而会让客户做出成交决定。

如果你一次性用完所有的筹码，当客户再提出新的问题时，你就失去了有利地位，也没有可以与他们进行交换的有利条件了，那么你这次的销售活动可能就会失败了。如果你能为自己保留余地，在客户不断提条件时，再将你的“秘密武器”呈现给客户，才有可能为自己争取到成功的机会，也会让客户对你心存感激。

当然，就算已结束成交，你也可以将你保留的利益额外赠送给客户，这样他们会更满意你的服务，更满意这次成交，为你们的长期合作打下基础。

我们要注意为自己保留的余地要适度，如果说服力不强，那么在紧要关头，也就不足以用来说服客户实现成交；如果留有余地太多，客户可能会一直不断地提条件、穷追不舍而让你手足无措，也有可能在销售前期就会引起客户的不满而导致销售活动就此夭折。

做好售后服务

虽然为客户提供良好的售后服务是售后服务部门的职责，但是这并不意味着营销人员就可以在交易结束之后完全脱离于客户服务之外。而应该在客户有需要时，营销人员就要随时做好为客户提供良好服务的准备，这就是说，营销人员要与售后服务人员相互配合，一起来为客户提供优质的售后服务。

做好售后服务的重要意义

一些营销人员认为只要自己能够说服客户进行交易并完成公司的销售任务就万事大吉了，像售后这些事情大可以全部留给售后服务部门或其他相应的专业部门去处理。持这种想法的营销人员大多是业绩不好缺乏全面的战略眼光的人。他们并不清楚，如果自己更加积极主动地协助其他部门的人员，为客户提供更加优质的服务，能为自己带来怎样的回报。

为客户提供良好的售后服务，这并不仅仅是企业的售后服务部门的职责，同时也是营销人员销售工作的一部分，做好这项工作对营销人员来说具有非常明显的积极作用。

1. 有助于减少客户抱怨

如果营销人员能够配合售后部门的人员，一起为客户提供更加积极主动且及时有效的售后服务，那么最直接的作用就是能大大减少客户对公司的抱怨，为公司赢得一个好口碑。

实际中，客户因为对售后服务感到不满而导致的客户投诉现象时有发生，造成这种现象的原因，一方面是因为企业目光短浅、只关心眼前的交易额而对交易后客户遇到的产品问题不闻不问，这样会导致公司只能拥有“一次性”的客户，要想得到长期稳定的合作关系是不可能的。另一方面则是因为营销人员没有形成交易后的客户服务意识，不能积极主动地在交易后对客户进行售后服务造成。

一旦客户投诉得多了，企业就需要花费很多时间与精力进行消除，这无疑要耗费很大部分的人力财力。但是，如果一开始营销人员就能积极主动地为客户提供优质的服务，在交易结束之后，能继续关注客户的需求，为客户提供满意的服务，那么就根本不会存在那些对企业极为不利的客户

2. 有助于巩固与客户的友好合作关系

积极主动地为客户提供良好的售后服务，是巩固与客户友好关系的重要方式，也是培养客户忠诚度的一种主要方式。很多企业的优秀营销人员都是通过这种方式来为自己赢得稳定且忠诚的客户的。

大多数营销人员都知道，长期良好的销售业绩，在很大程度上依靠于一大批忠诚客户的支持，他们也往往是一个企业根本利润的重要来源。而要想获得大量忠诚客户且得到他们长期的支持，这就要求营销人员不断加强和巩固与这些老客户的友好联系，努力培养客户对企业的忠诚度。这也需要营销人员尽可能主动为客户提供超出他们期望值的优质服务，否则客户对企业的忠诚度将很难建立。事实上，很多企业之所以不能与客户保持长期的友好合作关系，他们对售后服务工作的不满意常常在诸多原因中居主要地位。

如果客户在成交之后不能享受到应有的或者能令其满意的售后服务，

那么他就只是你的“一次性”客户，而当一个企业不能抓住客户时，企业的销售额必定会受到严重损失。因此，营销人员如果想要获得更多的忠诚客户，想在今后最大限度地提升你的销售业绩，那么你就必须做好相应的售后客户服务工作，努力培养客户的对公司的满意度和忠诚度。

3. 有助于增加新的潜在客户

如果营销人员做到了为客户提供良好的售后服务，那么不仅可以获得老客户的继续支持，而且还可以由此增加新的潜在客户。这些新的潜在客户一方面来自于老客户的介绍，一方面来源于新客户对行情进行各项考察后做出的选择。

如果你能坚持在你的本职任务完成之后，仍然积极主动地询问客户有什么不满意的地方，并且尽最大努力满足他们的需要，那么这些客户就会对你心存信赖和感激。这样一旦他们周围有人需要同类产品，这些老客户就会非常自然地将这些客户介绍给你；另外，很多客户在购买之前都会对多家厂商进行各方面的综合比较，如果他们在选择时，发现你始终能够提供良好的服务品质，他们就会主动与你联系。

所以，营销人员积极主动地做好售后服务工作，不仅仅能抓住老客户，也有助于你吸引潜在的新客户，从而在更大程度上增加你的销售业绩。因此，营销人员必须尽自已最大的努力认真做好售后客户服务工作，而不要把这项服务当作是额外的负担。

4. 有助于公司良好口碑的形成

当五花八门的广告宣传充斥在人们周围的时候，消费者似乎已经麻木了。商家在广告宣传上的良苦用心一律被认为是“王婆卖瓜”——无一能幸免自卖自夸的嫌疑。这样，商家用在宣传上的巨大资源花费，其中既有高居不下且呈直线上升的宣传成本，还包括大量的人力和物力，但这些却没有起到应有的宣传效果。

面对在广告宣传过程中的高付出、低回报现象，现代企业不妨换一种宣传方式——利用口碑传播的方式。这样不但可以加强广告宣传的影响力，而且还可以降低宣传成本。更重要的是，良好的口碑形象对新客户的吸引力通常大大超过广告宣传的吸引力。老客户的口口相传是公司品牌形象的最好传播渠道。达到这种效果的前提是营销人员要积极主动地为老客户提供优质服务，那么，那些感到满意的老客户就会将他们享受到的优质服务不经意地对外宣传，这种来自老客户的口碑宣传对公司品牌形象的传播起着十分重要的作用。

因此，无论从自身短期效益来看，还是从企业的长远发展来看，营销人员都有十分的必要来配合其他服务人员为客户提供更好的售后服务。

在回访中提供“价值更高的服务”

既然做好售后服务对营销人员个人业绩以及对企业整体发展有着重要意义，那么营销人员就应该从现在开始起，为客户提供更为周到，更为满意的售后客户服务。至于在具体的执行过程当中，营销人员需要怎样做，才能达到既令客户满意，又留给自己的足够的时间和精力呢？下面提供给营销人员在售后服务中要注意的两方面：

1. 主动询问客户需要哪些服务

在交易结束之后，营销人员要定期地主动向客户进行售后产品质量跟踪调查，以便及时有效地了解客户在哪些方面需要帮助，从而能主动地为客户提供优质的服务。

主动为客户提供服务，对营销人员来说具有如下几种好处：首先，营销人员向客户充分表达了自己的关切和关注，让客户充分感受到了来自营销人员内心的尊重和关心，感受到了充满了人性化的服务；其次，营销人员主动的关心询问能及时地了解客户遇到的问题，这有助于企业更及时、有效地解决这些问题，树立一个有着高效品质保证的公司形象；另外，营销人员通过认真地了解客户的服务需求，从而能更准确地把握产品优缺点，来上报公司做出必要的改进。

与此同时，主动为客户提供服务时，要在征求客户意见的基础上用诚恳的态度来倾听，切勿敷衍了事，而应坚持不懈地开展这项活动，不要时紧时松、时冷时热，要全力保证为客户提供最及时、最有效的解决方案。比如下面这个例子：

营销人员：“您好，马经理，我们需要进行一下产品使用回访。请问这段时间在产品的使用过程中有没有遇到什么问题？”客户：“我注意到最近几天这台机器在正常运转时的声音比前一段时间大了，我正在担心是不是机器内部的某些配件出了什么问题。”营销人员：“好的，我做一下记录。还有其他问题吗？您可以一起说出来，到时候派人过去一起为您解决了。”客户：“暂时还没有其他问题。”营销人员：“那您看这样好不好，我马上通知我们公司的专业维修人员，让他们明天过来帮您解决这个问题，您明天有时间吗？”

2. 积极为客户提供有效服务

很多客户在交易结束之后都可能会面临一些相关问题。如对产品功能了解不充分、不能熟练使用产品或者产品本身出现质量问题，等等。当客户遭遇这样一系列问题时，他们有时会直接联系企业的售后服务部门，有时则会习惯性地找当初与自己进行交易的营销人员。一旦客户找到了你，那么你就必须尽自己所能地为客户提供良好的服务。如果自己也无法解决客户面临的问题，则应该主动帮助客户联系相关的售后服务人员，切勿推卸自己的责任、消极冷淡地对待客户。

情景一（错误的态度）

客户：“我发现最近一段时间这台电脑的启动速度变得特别慢，不知道哪里出现了问题，你们能帮助解决一下吗？”营销人员：“您有没有注意是不是染上什么病毒了？如果是您上网染上病毒的话，这不在我们的保修范围之内……”客户：“这台机子买回来后根本就没有上过网，明明就是你们机子本身的问题……”营销人员：“这不在我的职责范围内，请您拨打我们的售后服务电话，有专人负责产品的后期维修，电话号码是……”

情景二（正确的态度）

客户：“我发现最近一段时间这台电脑的启动速度变得特别慢，不知道哪里出现了问题，你们能帮助解决一下吗？”营销人员：“当然可以了，那么请问您的电脑是不是最近经常上网，而您没有定期杀毒的缘故呢？”

客户：“我很少上网，但是却购买了相应的杀毒软件，所以应该不会是病毒的问题。”营销人员：“这样啊，由于我不是专业维修人员，请问您方便把电脑带到我们的专业维修部门吗？”客户：“我最近不太方便，因为……”营销人员：“那您看这样好不好，您的电脑问题也不大，您现在把电脑打开，我让公司的专业人员通过电话指导您操作一下，看看能不能解决问题，如果还是不行的话，那明天会有维修人员到您那里去一趟……”

如果凭借你的努力不能为客户提供相应的服务，那么你应该主动联系专业的客户服务人员帮助客户解决问题，要尽可能及时、彻底地解决客户面临的问题，以免问题被不断扩大。积极主动地为客户提供良好的售后服务，这可以让你的客户感到更加满意，只有客户认同你了，才会继续与你保持合作关系，企业才可能获得更大利润。

交易前后，只要发现客户有需要，营销人员都应该为客户主动提供良好的服务。即使在交易之后，营销人员更加要主动询问客户是否需要售后服务，并且要尽心尽力地予以满足，千万不要在交易结束后对客户提出的售后要求故意逃避或假装视而不见。一些在你的能力范围之内能够提供给客户的服务，就不要吝啬自己的精力与时间。你要相信：你为客户付出得越多，你从中获得的回报就更多、更长远。

交易结束后也要保持联系

如果在与客户交易之前对他们万分殷勤，而在交易之后却摆出一副“大功告成，请勿打扰”的样子，那么当你再度需要与客户合作时，客户很可能会以更加冷漠的态度来对待你。

不仅在交易之前，营销人员需要不松懈地与客户保持联系，即使在达成交易之后，营销人员同样需要与客户保持联系，这是诸多优秀营销人员能拥有大量忠诚客户的重要原则。

如果交易刚刚结束，营销人员就一改先前积极热情的态度，立刻停止与客户的联系，甚至对客户的主动联系采取不闻不问的态度，那么客户就会因为前后的落差有种受到欺骗的感觉，并由此对你及你所代表的公司感到不满，从而对你今后的销售活动产生隐形的不利影响。

事实上，优秀的营销人员都十分清楚，即使客户深知“生意场上无人情”的道理，不对营销人员在成交之后的冷漠态度加以计较，可是作为靠人脉来维系客源的销售行业，如果你就这样放弃自己好不容易建立起来的合作关系，实际上是在白白浪费自己辛辛苦苦建立起来的客户资源。如果你不积极主动地在交易之后继续与这些客户保持联系，那么自然会有其他竞争对手与这些客户联系。而当客户产生新的需求之后，由于你在前期与其建立起来的友好合作关系已经在你的漠视中淡化为零了，你也自然不在客户的选择之中了。

当然，营销人员还应该知道，如果你不能在交易结束之后仍然与客户保持比较紧密的联系，那么即使客户又有了新的需求，你可能由于无从掌握具体的信息，最终导致你彻底失去与客户再交易的机会。因此，无论从客户的主观感受来理解，还是从你自身的实际利益出发，营销人员都应该在售前售后随时与客户保持紧密的联系。

除了要坚持不懈地与客户保持联系，还要让客户知道你一直都在关心他（她），并一直很重视他（她），让客户充分感受到来自于你的真诚关注。为了让客户更加真切地感受到你的关注，营销人员在与客户保持联系时，可以适度地与客户建立起友好的私人关系。比如，营销人员可以针对客户的身体健康、相关的工作进展情况等给予客户适度的关爱和鼓励。这样一来，就会让客户产生这样的感觉：你不仅仅是为了自己的业绩增长才与之进行联系的，而是因为把他们当一个朋友才来关心和鼓励他们的。

为了建立和加强你与客户之间的联系，营销人员在与客户联系的过程中需要格外注意自己的态度和方式。在态度上，营销人员除了要做到最基本的积极、热情、礼貌之外，还要保持足够的自信，这可以使客户对你更加尊重，而不是仅仅把你当成一个营销人员来看待；另外，营销人员还需要做到对客户以诚恳相待，任何时候、任何理由都不要拿来欺骗客户，否则一旦被客户识破，今后再想获得客户的信任就会难上加难；在方式上，营销人员要尽可能采用和缓且循序渐进的方法，尽量避免与客户在一些无谓的问题上进行争执，任何时候都要切记，不要伤到了和气；最后，营销人员也可以充分利用自己的幽默和善谈的人格魅力与客户多进行各个话题的交流，以拉近彼此间的心理距离。

总之，在交易目的达成之后，营销人员仍然需要保持与客户之间的联系，这对你的销售工作有百利而无一害。与之同时，营销人员还必须让客户充分感受到来自于你内心的关心、支持和尊重，这对增强你与客户之间的友好合作关系有着非常好的效果。

第七章

“价格营销”战争：看电商如何争霸天下

互联网时代的迅猛发展将网络带到各行各业。在这股潮流中，电子商务俨然成为各行业的新型营销方式，很大程度颠覆了传统渠道同时亦催生了各种价格大战。

“嘀嘀打车”与“快的打车”的硝烟之战

电子商务价格大战频发，其原因归根结底在于其不完善的制度以及不成熟的市场管理体制。电商为什么喜欢价格战？最重要的原因是操作简单、效果显著。电子商务在我国是在近几年才迎来发展契机的，电商内容不断更新，提供的服务也大致类似，所以客户匹配度比较低。这一情况下，价格杠杆这种价格策略可吸引消费者眼球，达到扩大消费的目的。

在电商企业动辄口水战、价格战的商战环境中，快的打车和滴滴打车的竞争态势简直可以称为“暧昧”中的硝烟之战。

之所以说暧昧，是因为在经历过早期你死我活的价格大战之后，快的打车和滴滴打车的补贴政策就进入完全同步的节奏。两个公司多次宣布补贴政策的时间、内容精准无差，巧合到让人无端猜疑，他们是不是“在一起”了？毕竟，快的和滴滴此前可没这么“暧昧”的。

2014年初，由快的和滴滴发起的疯狂“烧钱”大战开启，一时席卷全国。当然，其烧钱的背后是支付宝和微信同时在抢移动支付领域的份额。而查看两个公司的补贴策略，在2014年第一个季度，两家公司的补贴政策还是“硝烟弥漫”的。

1月10日，滴滴打车推出乘客免10元、司机奖10元的政策，1月20日，快的推出同样的补贴政策。春节假期，全国人民在两个打车软件的补贴中愉快度过。2月17日，快的打车宣布乘客返现11元，司机奖11元，并宣称永远会比竞争对手多1块钱。2月18日，滴滴宣传乘客返现12元，当天，快的打车宣布乘客返现13元。

这个阶段，两家公司的“烧钱大战”还是充满火药味的，而快的打车的带有浓重攻击意味的“多1元补贴”也带着阿里式的公关味道。但此后，多1元的政策并未执行下去。滴滴打车采用了乘客随机减免6至15元，而快递打车乘客补贴从13元降到10元，又降到5元。

此后就是本文开始提到的“暧昧”时代了，两个公司的补贴政策每次都在同一时间，发布同样的内容。业内人士戏称，连给媒体的通稿都只需要准备一份。

我们可以用著名的“囚徒困境”来说明滴滴打车和快的打车为何会这么“暧昧”。

“囚徒困境”是1950年美国兰德公司提出的博弈论模型。两个共谋犯罪的人被关入监狱，不能互相沟通情况。如果两个人都不揭发对方，则由于证据不确定，每个人都坐牢一年；若一人揭发，而另一人沉默，则揭发者因为立功而立即获释，沉默者因不合作而入狱十年；若互相揭发，则因证据确实，二者都判刑八年。由于囚徒无法信任对方，因此倾向于互相揭发，而不是同守沉默。放到快的打车和滴滴打车身上，如果双方继续烧钱争斗，那双方都需要无休止地贴钱，而恶性竞争式的烧钱对于本来就没找到盈利模式的打车软件来说，无疑是“作死”的节奏。而如果一方补贴，另一方休战，用户无疑会一边倒，因此，只要其中一方“出招”，另外一方必须“应战”，不然就是用户的大量流失。

破除“囚徒困境”的有效方法就是休战。从3月开始快的打车和滴滴打车“齐步走”一般补贴方式，无疑是对双方都有好处的事情。

那么这种“暧昧”会持续多久呢？应该会持续很长的时间，理由如下：

第一，快的打车和滴滴打车背后的“金主”支付宝和微信支付的目标都是移动支付，移动支付的第一步是抢占用户，第二步是建立多种支付场景。虽然通过快的打车和滴滴打车的烧钱大战，整体加快了移动支付领域的发展，但支付宝和微信支付的下一步重点已经转移到增加用户场景上，打车软件仅仅是众多用户场景中的一种，不可能获得持续的资金支持。

第二，盈利压力。尽管双方面前的口径依然是不以盈利为目标，但对于互联网产品而言，提高用户体验是必修课，而变现是迟早要面对的压力。此前公开消息提到，滴滴打车尝试广告商业模式，达到过月营收千万元的水平。然而，针对十几亿的营销投入，这种很快会遇到天花板的广告收入模式显然无法满足预期。

第三，用户留存压力。滴滴打车和快的打车目前面临的共同问题是，取消补贴之后，还能留存多少用户？这种撇除泡沫之后的用户存量，才是其以后安身立命的根本。而扎实的用户积累来自好的产品体验，而不是持续的金钱刺激。所以苦修“内功”也是快的和滴滴近期要做好的事情。

综述，按照理性的逻辑，滴滴打车和快的打车持续“暧昧”状态对双方都有利。但是，“囚徒困境”之所以这么出名，就是因为大部分人是“囚徒困境”的受害者。因为无法彼此信任，从而做出利己的选择，进而伤害双方。

比如在电商领域，各大平台都会在价格战、营销战中厮杀到底，期待着能熬到“剩者”为王的那一天，熬不下去的公司只能被迫出局。

对于陷入“囚徒困境”的双方来说，保持信任、理性的平衡状态是比较难的，而破坏这种平衡则非常容易。快的和滴滴能保持这种“暧昧”的状态殊为不易。

当然，更为不易的是双方的盈利预期，如果停止补贴降低影响了用户黏性，而又没找到合适的盈利模式，双方不仅会保持“暧昧”，就算是在一起“抱团取暖”也是极有可能的。

京东与苏宁的“中秋之战”

在对电商价格战的广大争议中，电商要有核心竞争力一直是议题中心，但核心竞争力是什么却讨论甚少。其实，电商本质与其他行业无明显不同，核心竞争力也体现在产品和服务上。然而产品，又包括产品本身的质量以及企业的供应情况。例如，电商为了低价而标注产品“缺货”，就会在产品上失分。至于服务，包括营销、支付、配送、安装等各个环节。就电商而言，此次水分不少的价格战，无疑在营销上降低了自身的诚信度，也是失败的。

长久以来，企业间竞争导致的激烈碰撞一直是市场经济津津乐道的话题，也是经济学术界聚焦的话题，这其中蕴含着深层次的经济学道理以及市场动态。

2012年8月14日上午10点京东CEO的两条微博，大意为京东商城要在价格上有大动作，并且主要针对苏宁与国美这样的传统卖场，甚至喊出了实现“零毛利”的口号。针对这种情况，苏宁也是第一时间站出来应对，也宣称苏宁易购价若高于京东，会给予购买者加倍赔付其差价的部分。在次日9:00开始，苏宁易购将启动目前力度最大的促销。国美副总裁何青阳晚上10点左右表态加入价格战：国美副总裁向新浪科技独家表示，国美勇于挑战任何形式的价格战，从2012年8月15日9点开始，国美电器网上商城全线商品价格将比京东商城低5%。并在不久后，国美多家门店将保持线上线下价格同步。

2012年8月15日根据权威数据分析，京东和苏宁易购的访问量提升很大。其中，京东高居榜首，苏宁易购则在9时和13时上升到了次席。苏宁易购的涨幅达706%，国美也达到了463%，京东的涨幅即使无法赶超苏宁易购和国美，同样有高达132%的涨幅入账。但价格战会引起怎样的反应，大多著名制造商会认为价格降低有助于营业额的增加，但也同样也给线下零售渠道的产品销售造成很大影响，甚至会对中高端品牌形象造成负面影响。假设某款产品打6折，其他产品都将会有打折的压力。

再比如某一知名体育产品厂家，会将线上很多产品定价很低，这就给消费传递一个直白的信息——该产品不保值，或者降价机会很大。如果缺失忠实用户，品牌号召力也会不断下降。2012年8月17日，商务部流通发展司副司长王德生回应京东、苏宁等电商价格战问题时表示，商务部一直在为推进电子商务的健康发展做出努力，并在相关标准的建设问题上加大力度；已经颁布实施的相关标准文件有《电子商务模式规范》《网络交易服务规范》等，此外有关第三方交易平台服务规范也将在相关文件发布。综上来看，价格策略的重要性不言而喻，它是在价格战内外，都扮演着举足轻重的角色。

电子商务价格战指的是在电子商务大环境下，企业在盈利渠道、商品种类、模式上等方面产生较为严重的冲突，导致双方为了抢夺某一领域或者更多的市场产生的一种以价格竞争为主导的商业现象。通常来说，电子商务间的商战更多体现在价格上面，然而，随着市场的日益成熟，电子商务企业之间的竞争已不仅仅局限于价格方面，甚至上升到法律、渠道以及商品种类的竞争，这种现象不得不引起我们的反思。

电商价格大战的特点

电子商务大战实质上是破坏市场平衡以及正常价格策略结构的，并且会对市场预测和流通起到很多不可预知的作用。电子商务大战的特点可以总结为以下几点：

1. 不可预知性

由于电子商务大战是人为引起的，其主导者是企业，因此，电子商务价格战多发生在 B2C 领域。纵观国内外电子商务的几次主要冲突，都可以发现一个很重要的特点：由于一方对于企业现状运营的不满，于是将矛盾指向另一方企业，往往乙方企业并未觉察但出于维护自身利益仓促应战，这就直接导致了双方的原有计划和目标遭遇被动改变，无疑对于双方而言都不是利好的选择，由此，可以追溯电子商务价格战不可预知的深层次的因素：是维护企业自身形象，还是稳住市场打压对手？双方进行暗中默契、表面上刺激市场或者单纯的企业自身做宣传等等，不论出于什么原因，双方不可能在约定好的状况下在共同的平台做出竞争，因此，不可预知性是电子商务价格战的第一个基本特点。

2. 连锁性

互联网是一个共享平台，因此，一旦两方在某一领域硝烟四起，有着广阔物流合作的第三方很难独善其身，并且其他企业面临的问题只有选边站，而无法置身事外。

以“8.15 电子商务价格战”为例，在太平洋商务网中，有一篇报道以“1945 年 8 月 15 日，东京向美苏投降；2012 年 8 月 15 日，京东向苏美宣战”为标题，这句话生动地描述了京东向苏宁宣布开战之后产生的连锁反应。据报道，2012 年 8 月 14 日，京东刘强东的一条微博引起了广大网友的深入关注，京东挑战国美、苏宁线下店 10% 的毛利让消费者得到实惠。随即得到苏宁、国美等卖场和电商的回应，相继加入大战。后来，腾讯、国美、海尔、亚马逊等主流电子商务企业都对此次事件做出回应。值得一提的是，大部分是站在苏宁的一边。另外，这件事甚至引起了发改委的重视，由此

3. 内外部环境的贯通性

由于电子商务价格战在市场中的特殊地位，因此，一旦冲突发生必然会在企业内部和外部的协调与贯通中产生剧烈变化：在传统企业的内部机

制中，协调性不是主导，企业会根据市场调研中的结果制定模型，并根据模型不断转变价格策略与营销策略，但电子商务大战中，市场的原有数据模型已经不再常规，而且投入与产出以及涉及日后的盈利，都不会按照常规走向，因此，内部环境对于外部环境的依赖性更甚，这个特点我们可以从三个方向来分析：

资金流：资金是支撑一个企业的根本，是内外部联通的依赖途径，在资金流中，维护费用与成本费用大抵相当，而在电子商务价格战中，资金流向急需承担外部降价风险，而此举对于资金的转向也是有深远的影响。

数据流：网络营销尤其是平台维护，都是依照数据进行的，数据维护一向是管理信息系统数据运动的重中之重。在电子商务大战中，数据的变化是不稳定的，且频率高、变动较大。数据流在内外部环境中的变化同样值得关注。

物流：物流是电子商务行业发展的支柱，如果没有强大的物流系统的支持，电子商务渠道是难以维系的。在电子商务价格战中，物流将变得更加繁忙，甚至易引起“爆仓”等现象。企业在处理类似事件的时候应该注重商品销售与物流相匹配。

4. 非常规性

常规上的企业冲突可能仅停留在口水战或者新闻舆论上，因为其自身均有独立的营销战略和具体的市场分工，因此在价格上进行大规模的冲突可能性不大。电子商务企业间的冲突却不尽然。因为互联网行业的特点直接决定了企业制定策略和公示市场信号的灵活度，因此在电子商务大战中双方都不会将运营常规化，此刻网络上的数据都是跳跃变化的，也在很大程度上影响了企业的常规运作。

电子商务大战发生的原因

京东商城和苏宁易购之间规模空前的电子商务冲突，其诱因不仅像京东 CEO 在微博上所说是被动遭遇地方政府政策制约，而给予反击，更深层次上是两大电商企业对市场以及资本的争夺。在此次价格战的诸多因素中，其中应包含以下几个典型原因。

1. 疲软的经济

2012 年对我国经济结构优化和发展模式的变化至关重要，国民经济增长速度减缓到 8% 左右。一方面，使得我国家电行业制造商供过于求的状况愈发严峻，市场不活跃，库存剧增，销售商只得另寻营销手段。另一方面，家电企业间的竞争方式由线下传导到线上，并且借鉴了传统家电厂商的打折、返券等促销手段而且力度更大，线上秒杀、“零价”的营销手段，使家电销售市场的竞争更加白热化。这也为价格战的爆发提供了外部环境。疲软的经济迫使各企业都需要新的营销方式应对。

2. 资本博弈

有互联网专家称，“8.15 价格战”不但是价格和利润的取舍，更应该说是互联网模式与传统模式的较量，而两种模式冲突的催化剂是资本。京东此前已进行了三轮融资，分别是 2007 年今日资本千万美元投资，2009

年今日资本、雄牛资本以及投资银行家梁伯韬的私人公司联合注资。2011年的融资规模空前，DST等共6家基金和社会知名人士融资共计15亿美元，成就了中国互联网市场目前单笔金额最大的融资，所融资金基本都用在京东的物流和技术研发上。此种情况下，京东需要更高的资本维持。而融资较快的方式无疑是在资本市场有所作为，但投资机构股东对京东商城却做出了销售业绩方面的要求，只有达到了才会考虑继续给予融资机会，并为IPO（首次公开募股）冲刺做准备。同一时刻，苏宁电商业务也经过了近三个月的调试，从4月起有了页面改版、旗舰店、持续价格战等动作。明显可以看出来，在持续营销和上市筹备，苏宁易购都是京东不可忽视的一个对抗因素。所以京东主动挑起价格战的用意非常明显。苏宁在此前增发时，把大量股票抵押给了三家担保公司。假设股价在一定范围内持续下跌，担保公司会以追加股票的方式来担保物价值；否则，担保公司将被质押的股票强制售出。因此，刘强东找到机会，将对京东而言不到20%的大家电业务降价，迫使该业务占比超过60%的苏宁应对；价格战会让投资者对苏宁盈利前景感到担忧，股价下跌使得担保机构要求苏宁追加股票，否则平仓；无论哪种情况，苏宁资金链都将遭受重创，京东在产品市场和资本市场上无疑都是有利的。

3. 争夺市场份额

中国拥有超过几亿网上用户，电商大企业明白争取客户群体是大势所趋，于是国美收购库巴网站，苏宁易购成立，2011年国美、苏宁线上销售额分别为25亿元、59亿元，这给京东足够大的压力。但是京东商城并没有坐以待毙，拓展线上传统家电业的同时，京东线下也在建设自己的物流配送体系。京东自2004年以来发展迅速，连续7年增长200%以上，京东商城由2008年的13.2亿元迅速达到2011年的309.6亿元，同时还在引进风险投资基金15亿元，并在全国建设物流配送网络。与此同时，2012年国美电器因为内部问题一直处于动荡，业绩下滑在所难免，已发出盈利预警，在第二季度国美更是遭遇8年来的首次亏损。这些事实引起了三家公司对争夺市场份额的重视，也为这次价格战的爆发埋下了隐患。

在市场份额的竞争中，各家公司均做出了相互对立的2012年的交易计划。如京东商城计划2012年达到1000亿元目标，但在2012年经济条件稍差的情况下，调整为300亿元。易购计划达到200¯300亿元目标。各大网站的竞争形势日趋严峻。无论实力规模如何，各企业都想迅速做大做强。当家电三大巨头的渠道冲突达到不可调和的地步，最终引发了价格战。

持续创新，让后来者追无可追

电商企业之间的价格战，追根究底是电子商务网站的同质化竞争。电商企业要想在这场竞争中真正胜出，只有持续创新，才能让后来者追无可追。

电商企业之间的同质化问题，主要体现在商品和服务的同质化。以现在的市场行业竞争格局来看，除天猫平台这样的个例，打价格战基本为综合商场，包含以3C家电为主的垂直B2C，实质上这些购物网站的产品相似程度和服务水平差异不大。它们经营的产品也是包罗万象，而过去存在的行业分工、业态分工全部被打乱，各企业都追求“红海战略”，而非“蓝海战略”，无序竞争在所难免。再者，利润对象、利润源、利润杠杆、利润屏障的同质化也必然导致价格战。

电子商务行业中，京东商城始终处于舆论的中心。2012 年京东在行业价格战中动作频频，在销售业绩高速增长的同时，也不断进行新的盈利渠道拓展，以缓解其在价格战中的高投入与高亏损并行的运营势头。目前，京东商城的创新之道主要有：

1. 快速拓展品类，提升平台交易额

京东商城的扩张依赖于投资机构的支持，而京东的销售额、规模暴涨成为了其吸引投资的筹码。2011 年京东商城全年销售额超 200 亿元，为了维持这一数字的增长，自 2011 年 2 月开始京东开展多项合作，并推出机票、酒店、旅游等业务，形成一站式在线网购交易服务。同时，京东涉足电子书业务，推出支持包括智能手机、平板电脑、手持阅读器、笔记本电脑等在内的各种电子书阅读客户端软件。分析认为，自营类 B2C 平台中京东地位稳定，已经积累了大量活跃用户。拓展品类一方面可以吸引更多新用户，另一方面可激发既有用户更大的购买力。

2. 涉足页游和应用商店，加快流量变现

在推动效益前进的同时，京东也在不断尝试探索流量变现，标志是航线页游联运平台和移动应用商店的推广。关于筹备网页游戏，京东商城早在 2011 年 4 月就开始了，目前多款网页游戏已投入运营，京东主要负责平台、技术和流量的支持，与供应商按照分成模式合作。业内分析，京东涉足网页游戏旨在转换其用户优势，提高用户黏性，加速流量变现。另外一方面，网购人群年轻化也符合国内页游玩家的基本特征。

而京东的应用商城希望将平台的流量对接移动开发者，以此在移动互联网占据主动地位。不过应用商店的尝试困难重重，因为国内主要的竞争对手在入口位置不易撼动，京东商城想后来居上并非易事。但京东拥有特殊的电商平台背景，其应用商店可以有更加多样化的玩法与用户形成呼应，提升用户下载、购买应用的活跃度。

3. 开放物流，与快递公司争夺份额

自 2009 年开始，京东商城便大力建设物流和仓储体系；京东商城 CEO 多次宣称，建立一个广阔的物流体系，至少需要 200¯300 亿元资金。目前，京东商城自建物流服务已经覆盖全国，并且京东方面宣布对其平台商家推出配套物流服务，京东商城将为平台商家提供操作规范的逆向物流以及上门取件、代收货款等专业服务。目前京东在全国范围内约有 360 个大中城市的配送业务，并开通了自提点、校园合作、便利店合作等形式。这表明在网购市场规模不断扩大、物流快递交易额快速增长的背景下，京东开始借助物流体系来盈利。

4. 计划上线广告系统，拓展营收来源

京东商城最不重视的方面当属广告，但为了扩展盈利渠道，京东方面确认从 2013 年开始开放广告投放系统，采用消费者欢迎度和竞价的付费模式。同时，京东已经内测“京东快车”搜索平台，流量变现的步伐加快。

由于该平台是基于精准广告的投放，相比之下转化率会较高。京东的新动作无疑是学习了淘宝直通车模式。淘宝直通车也是针对卖家推出的广告推广工具。卖家在淘宝网的各位置展示，按点击效果付费。该项业务在淘宝中取得意想不到的效果。京东商城此举也被认为是 IPO 前扩展新营收源、扭亏为盈的举措。除此之外，在供应链金融、云计算等领域京东也开始了深入布局，这表明在完成融资之后京东持续亏损的局面在改变，为未来顺利上市增加筹码。

京东商城的价格策略

京东商城是以 3C 产品为主的 B2C 电子商务公司，目前，“京东价”已经成为国内 3C 销售领域的价格标准。京东商城在线商品主要由家用电器、电脑商品、手机数码及日用百货四大类。据易观国际数据统计显示，自 2008 年开始，京东商城在 3C 网络零售市场已经连续保持市场规模的领先，且占据 46.7%以上的份额。在中国 B2C 购物网站中位居首位。

京东商城的定价策略与组织结构关系紧密，结构上，公司采取营运与地方分支分管的形式。也就是说实际上京东的价格策略基本由总部完成，地方的分管机构以执行为主。

除公司结构因素外，京东取得如此成绩源于以下优势：

受众优势：受众群体涵盖范围广，家电的潜在市场地域差异小。

业务覆盖：全国基本已经覆盖，其中北、上、广三地业务超过总量的60%。

定位人群：男性较多，以中青年、本科以上学历人群为多数。

消费能力：早在2008年京东商城客单价就达828元，1年以上用户年消费近6000元。

客户群体：京东的购物会员较多且稳定，主要由各个公司白领、机关公务员，在校学生以及网络购物爱好者组成。京东商城可靠的质量、突出的性价比、高效舒适的购物环境以及周到及时的售后服务都是吸引消费者的主要因素。

京东商城网站经营定价策略

网站作为京东主要展示平台，网站经营始终左右着定价策略。京东商城网站具有导航栏目简明易操作的特点，电子类商品居多，网站栏目上面，能够清楚地指导客户使用商城的功能。帮助中心尤其如此，所以在导航栏上设计帮助中心，是非常适合帮助商城销售的。

除此之外，京东商城非常注重和其他网站的合作加盟，同时，和这些网站的合作关系也在很大程度上影响着京东商城的定价策略。首先，我们通过京东商城的线上联合策略来看价格策略。京东商城与各个网站的站主合作，在其他网站上推广京东广告与链接合作。同时给予各网站以下政策支持：

（1）自2009年1月12日起，除返点类联盟（即通过返点网站购物，网站向会员发放一定的现金、代金券和积分）网站的通道外，余下CPS网站推广正常。

（2）返点类联盟网不在恢复合作的范围内，且希望该类性质的联盟网站按照京东公司1月6日发布公告内容中的要求做好下线的准备和相关告知工作，2009年1月12日后产生的订单京东公司将不再进行付费。

（3）恢复合作的非返点类联盟合作伙伴在向旗下联盟会员网站推广京东商城项目时，不得向返点类网站做推广或采用返点类方式，一经发现，立刻取消其联盟合作资格，并取消其所有未发放的销售佣金。

在上述政策中，京东的网站经营策略大体上保持与各网站的紧密联系，如在返点类联盟的合作机制中，价格策略不但要考虑自身成本，更要兼顾外部合作下的价格策略是否同步，从而达到与各方的利润平衡。因为京东商城的主要盈利渠道来源于互联网平台，网站作为其在互联网平台上的主要媒介，那么，经营网站的策略时刻影响着京东商城的定价策略。除此之外，京东商城在价格变动策略上并未完全照搬实体店价格与成本核算后的差价，而是采用更复杂的模型。

第八章
价格诱饵：玩的就是诱惑

精准的定价策略、巧妙的价格变化，往往能起到意想不到的作用。那些精通价格营销的天才们，总是能够完成不可思议的销售任务，他们因此会显得比其他同行更加幸运。可是这些所谓幸运的天才，他们无一不是建立在长期积累的基础上。

黑珍珠的“天价”是怎么来的

自然学家康拉德·洛伦茨发现，刚出壳的幼鹅会深深依赖它们第一眼看到的生物（虽然一般情况来说，那个生物就是企鹅妈妈）。但是事情的转折来了，某一次洛伦茨无意在一次实验中被刚出壳的幼鹅们第一眼看到，它们从此就紧跟着他直到长大。

由此，洛伦茨就证明了幼鹅不仅根据它们出生时的初次发现来做决定，而且决定一旦形成，就坚持到底。洛伦茨把这个现象叫作“印记”，说白了就是第一印象。

这个效应在经济中体现得很明显，行为经济学有个词叫“锚”，大致意思就是如果你在生活中遇到某个商品，第一眼留下印象的价格或我们第一次决定用某一个特定的价格购买某一样特定的商品时的价格，将在此后对购买这一产品的出价意愿产生长期影响，这个价格，就是“锚”。

黑珍珠产自于一种黑边牡蛎，在20世纪70年代时即使价格低廉，也还没什么市场，经过一位具有传奇色彩的宝石商人的“策划”后，才终于大放异彩。他将黑珍珠放置于纽约第五大道的店铺橱窗展示，并标上令人难以置信的高价，同时在一些印刷华丽的高影响力杂志上刊登广告，广告中黑珍珠在钻石、红宝石和绿宝石的映衬下，熠熠生辉。

他还把黑珍珠戴在了纽约当红歌剧女星的脖子上，在曼哈顿招摇过市。

就这样，原来不知价值几何的东西，一下子成了稀世珍宝。这位精明的商人就是一开始把黑珍珠与世界上最贵重的宝石“锚定”在一起，此后它的价格就一直紧跟宝石。

价格本身就是一种品牌定位，它绝非是理性的，仅仅由供给和需求两种独立力量取得平衡进而共同决定的。消费者的购买意愿，是很容易被操纵的。也就是说，不是消费者购买意愿影响市场价格，而是市场价格本身反过来影响消费者的购买意愿。

价格营销中的互惠原则

在《影响力》一书中，罗伯特·B. 西奥迪尼博士介绍了“互惠”概念。对他人的某种行为，我们要以一种类似的行为去加以回报。价格营销中的互惠原则，可以有效拉近与客户之间的关系，大大提高营销活动的成功率。

西奥迪尼在书中写道，当服务员递给顾客账单时不给薄荷糖，顾客将主观地依据服务水平给小费。而如果服务员给了一颗薄荷糖，小费则增加3.3%；如果给了两颗，小费则破天荒地增加约20%。价格营销中有许多方式利用互惠原则，你不需要赠送贵重的东西，小礼品就很好。运动衫、电子书，甚至像手写便条这样简单的东西，都能长久地建立互惠关系。切忌还没赠与他人免费品，就考虑相应的回报。

如果你在销售过程中，客户的态度非常冷淡，言辞非常生硬，或者对你所销售的产品指指点点，抑或是不想和你有更进一步的交谈等等，那么请不要因此而抱怨你的客户。这是因为你还没有与他们建立一种互惠关系，此时应该多一点耐心，采用价格营销中的互惠原则，给他们赠送一些小礼品，往往会迅速拉近彼此的关系。当他们愿意购买你的东西时，往往是因为他们需要这样的东西，同时也表示你们之间已经建立了一种很好的互惠关系。如果客户明确表示自己没有购买的意愿，那他们肯定是考虑到了各个方面的因素，从而总结出这个结果。这时候我们不应该气馁，而是应该想办法与客户拉近关系。

有些营销人员可能会这样认为，经过多方面的深入了解，我明明知道他（她）有这方面的需求，而且他（她）也完全有购买这个产品的能力，可是我实在不明白他（她）为什么还是一副拒人于千里之外的态度？

事实上，“拒绝——退让”这是客户一贯的心理路程，在面对一个新产品的时候，他们的第一反应往往是拒绝。当你给出价格的时候，他会退避三舍。要想打破这种格局，往往需要一些很高明的价格营销技巧，一步一步攻破客户的壁垒。比如：如果你想买套房子，对方出价为150万元，你的心理价位是120万元，那么你绝不能出120万元。基本上在谈判中，彼此都会预设一个空间，如果你的第一出价是120万元，那么对方会认为你的底线在130万元或更多。这个时候，如果死咬住120万元，那么很可能谈判就会告吹。所以合适的做法是，先出个100万元，看看对方的反应，然后慢慢让步。

如果第一个要求和第二个要求提得恰当，那么对方会认为第二个要求是你做出的让步，因而觉得自己有义务做出相应的让步。但使用“拒绝——

退让”策略有一个注意点，就是你的第一个要求必须合理。一旦对方觉得你的第一个要求不是真诚的，那么它就无法起到应有的作用。比如这个例子里，你说你要 5 万元买这房子，对方可能直接拂袖而去。

即使你的策略暂时没有起到应有的效果，你也不应该有任何抱怨的理由，因为不一定非得从你这里才能买到这样的产品；即使他们有这方面的需要和打算，他们通常也不会轻而易举地就去买你这件产品。不管怎么说，客户在购买每件产品的时候都会保持一个高度警惕的心态，如果你理解不了客户的这种行为，那么换位思考一下，如果你打算购买某种产品，你会不经过深思熟虑而盲目做决定吗？从这个角度出发，不管购买什么东西，不管是谁，在购买过程中，都需要充分考虑各种因素，同样也会出现因为不信任等原因而迟迟不做出完成交易的决定。孔子说过，“己所不欲，勿施于人”。将心比心，推己及人。当你在销售过程中付出努力的时候，客户同样会付出一定的代价，为了保证自己的努力能够换来切实有用的回报，客户需要打起十二分的精神。

因此，面对客户的拒绝，我们要能够做到换位思考，能够从买方的角度来进行分析，而不仅仅根据自己的想法来指责客户。当我们能够比较周全地考虑到客户的需求，并且通过产品的质量和自己的言行，来赢得客户信任和好感的时候，完成业绩将不再是难题。

在营销人员打电话联系客户或者对客户进行上门拜访的时候，常常会听到这样的声音“我暂时很忙，以后有时间再和你保持联系”。显然，客户的潜台词是拒绝了，不过这种拒绝的语气还是相当客气的，更多的时候，营销人员常常会听到非常决绝的话："难道你没见我们正忙着吗？"无论客户对我们的态度是客气还是蛮横，不可否认的是我们都被客户赶了出来，而且我们也看不到一点成交的希望，客户对待我们的态度还常常会伤害我们的自尊心，让我们颜面扫地。与其总是为受到客户的拒绝而感到伤心，还不如静下心来反省一下自己在选择对象和选择拜访时间上面都出现了哪些问题。

每一位客户都会有他自己的时间安排，而且从来不会有任何一位客户，他会专门为营销人员来安排特定的会谈时间，因为客户每天都会花费一定的时间来打发那些营销电话和营销人员，甚至部分公司客户的前台或者助理的职责就是：使公司负责人免受这类电话和营销人员的打扰。看了上面的分析，你再反省一下自己是如何约见客户，或者挑选拜访时机的呢？你也许会悲观地认为："看来，不管我什么时候打电话给客户，不管挑选什么时间去拜访他，最终都会被拒绝，更别提成交了！"

从某种程度上来说，不管你什么时候打电话给客户或者进行上门拜访，你都是作为不速之客出现的。因为你的到来往往会影响客户具体的时间安排，甚至会扰乱客户正常的工作。因此，当你作为上述的"不速之客"的时候，你必须要充分理解客户对你的态度和说话的语气，并且也应该为自己的冒昧打扰表示诚恳的道歉。如果发现客户的时间确实非常紧张或者工作非常繁忙，不妨花少一点的时间来进行交谈，然后预约一个更合适的会谈时间。这个时候你就可以这样说："真的十分抱歉，打扰您的工作了！明天上午或下午您什么时候有时间？到时候我再打电话给您好吗？""我知道您很忙，我先把数据留在这里，您有时间看一下，今天下班之前我再来拜访您如何？”尽管客户的时间非常紧张，但这并不代表我们不管什么时候上门拜访都是对客户的打扰。最好是我们能够预约一个时间来进行面谈，如果做不到这一点的话，那么我们也应该事先了解客户的时间安排，以免在客户最忙碌的时候打扰对方。

“我们今年没有这方面的采购预算。”

“这样的成交额显然大大超出了我们的预算。”

“我没有权利对如此大宗的交易额做出决定。”

这些也是营销人员比较熟悉的拒绝理由，也是客户拒绝营销人员的一个相当有说服力的措辞。我们可以这样理解：“诚然，你们的产品质量确实不错，你们公司的品牌也非常有保障，可是我们现在没有钱来买你们的产品，所以我们只能表示遗憾……”无论哪一种客户都有其各自的财务预算，当客户以这方面为理由拒绝我们时，我们既不能埋怨客户浪费了我们大量的时间，也不能指责客户提出的拒绝理由不符合我们调查的实际情况。我们只需要记住：不管什么情况，当客户以这样一种理由拒绝我们时，我们都必须对他们这一行为给予充分的理解和尊重。

我们必须要会站在客户的角度来考虑问题，或许在他们的财务安排当中真的没有这个预算。但是，如果他们真的需要我们的产品，而且他们也具有购买能力的话，那么他们一定是可以调整自己的财务预算的。所以，在面对如此拒绝的时候，我们在表示理解和尊重的同时，也要尽可能地从客户的角度出发，用自己的言行来增强客户对产品的需求程度，并使客户对我们及我们的产品抱有信心，说服他们适当调整一下公司的预算，从而将自身的实际需求纳入到整个财务预算当中。这是成功销售的重要一步，营销人员要尽最大可能增强客户的购买欲望，从而让他们做出购买决定。

任何情况下都不能埋怨客户，如果缺了他们，你将没有工资可拿；如果所有的客户都积极主动地寻求你来完成交易，那公司还聘用我们干吗？客户不一定非要购买我们的产品，现实中，在客户感到满意之前，他们通常不会轻易买我们的东西。客户可以借任何理由对我们的产品挑三拣四，但我们却没有任何理由与客户展开辩论。你的客户不是天使，而你最初在他们的面前出现时，也很难让他们感觉到你能帮助他们解决问题。客户有足够的理由拒绝你的产品，而且，他们拒绝你的产品也并不一定需要理由。

价格营销中的“从众效应”

大部分营销人员已经意识到这个概念，其重要性不言而喻。社会认同指人们会采取他们喜欢或信任的人的观点和行动，也就是从众效应。

比如在募捐的场所，如果我们看到里面已经有钱，我们就会更有可能往里面放钱；如果里面没有钱，我们反而更不可能往里面放钱。这背后的心理活动就是：里面有钱时，我们会告诉自己，别人也觉得这个东西该捐钱，我不如也捐；里面没钱时，我们会告诉自己，这个东西别人都不捐，估计不靠谱。

商家营造并炒作“热销”假象，往往就会造成真正的热销结果。制造热销的现场感，是常见的方法。另外也可以通过对热销的宣传，增加“火上浇油”的效果，比如广告上常用的“累积销量××”、某饮料“环绕地球××圈”“连续N年销量第一”等等。

美国富豪鲁凡诺·普洛奇，是靠经营中国孵豆芽起家的。他年轻的时候非常落魄，一无工作，二无定所，但他一直想赚钱。一次，他听说中国的孵豆芽很赚钱。虽然他只知道简单的生产过程，但他还是决定干这一行，并找了一个合伙人皮沙。两人租用了一间简单的店面，然后把它改成人工豆芽场，加上好几排水槽，开始有模有样地干起来了。

为了专业点，普洛奇还花了点钱请来了几个中国人当顾问，然后从墨西哥购进大量的毛豆。为了打造声势，普洛奇还请人在杂志上写了些并不见得有趣的“毛豆历史”的文章，并大量散发豆芽食谱。一番炒作之后，他开始跟几个食品包装商人接洽，将生产的豆芽卖给食品包装公司，还直接卖给餐馆或其他的批发商。

没想到他运气不错，普洛奇的豆芽作坊一开张便开始赚钱。

普洛奇是个很有商业头脑的人，很快，他又冒出一个念头：如果跟人签约，让他们把豆芽装成罐头，不是可以赚更多的钱嘛！于是，他立即打电话给威斯康星州的一个食品包装公司，经过一番交涉，他们同意把豆芽制成罐头。但是，麻烦的是，当时正值第二次世界大战期间，所有金属都优先用于军事，老百姓只有极有限的配给。如何去弄金属来做罐头盒子呢？普洛奇跑到华盛顿，冲到军需生产部门，瞒天过海地用了一个气派非凡的名称介绍自己——“豆芽生产工会”（这是他和皮沙为他们的公司取的名字）。

在政府官员听来，这个名字倒像是什么农人工会，而不是一个只有两个人的公司。于是，军需生产部门便让这位推销天才带走了好几百万个稍微有些毛病但仍可使用的罐头盒。于是普洛奇的豆芽罐头生意正式上场了。

为了扩大业务，普洛奇和皮沙买下了一家老罐头工厂，开始自行装罐。他们将豆芽加上芹菜和其他蔬菜，做成一道美国人喜欢吃的中国“杂碎”菜。为了广开市场，普洛奇继续发挥他“瞒天过海”的才能，将罐头外面贴上“芙蓉”标签。同时，普洛奇又故意将罐头“压扁”，让美国人觉得这些罐头来自遥远的中国。这一招还真灵，罐头销路出奇的好，简直到了供不应求的地步。

此后，普洛奇一面扩大生产，一面将他们的公司改名叫“普洛奇食品公司”，并以“食品联会”的名义，举办大型的全国联销活动，推销“普洛奇食品公司”生产的食品，给人造成“普洛奇食品公司”是一家规模宏大、资本雄厚的公司的印象。就这样，普洛奇靠“从众效应”建立企业形象，很快赚进了数亿美金。

价格营销中的“从众效应”关键就是要造势，即使没有具体数据或数字，还可以通过广告画面中呈现无数人在某场景下，同时正在使用或追捧某品牌产品来暗示产品的受欢迎程度，王老吉、可口可乐等很多品牌广告都长期使用这种暗示手法。这种“羊群效应”的影响，不仅仅只发生在排队现场和接触广告的那一刻，还存储在我们的记忆中，以后在消费同类商品时，我们往往还可能再次选择使用羊群效应技巧的品牌。

让人无法拒绝的"价格诱饵"

在价格营销中，商家有时候会故意设置一个价格，来吸引人们选择最贵的价位。比如《经济学人》杂志订阅的广告案例：

①电子订阅：59 美元。

②纸质订阅：125 美元。

③电子和纸质订阅：125 美元。

订阅电子和纸质杂志的价格和只订阅纸质杂志的价格一样，他们为什么会提供这样的选择？营销学者艾瑞里打算破解这个问题，他联系了《经济学人》的内部人士，但没有从他们那里得到直接回答。因此他决定亲自做实验，找出答案。

他给 100 名麻省理工学生提供了上述价格表，询问他们购买的选择。当三个选项都在时，学生选择了混合订阅；当去掉 125 美元的纸质订阅选项时，学生选择了最便宜的选项。这意味着中间选项不全是无效的，它给学生提供了一个参照，他们通过对比会发现混合订阅非常划算，从而刺激他们花更多的钱订阅杂志。

对价格而言，相对的百分比，比绝对的金额更容易产生激发行动的诱惑力。这就是我们消费行为中常见的相对论，凭相对因素做决策是我们自然的思考方式。

在美国加利福尼亚州有个叫切尼的小伙子，是靠销售家庭用品发家的。

有一次，他在杂志上发布了"一美元商品"广告。在广告中，他列出一个产品目录，并宣称这些产品全部一美元销售！

这些产品都非常实用，而且都出自有名的大厂商。更重要的是，这些产品的市面价格要高于一美元。其中，大约有20%的商品进货价格超出了一美元，60%的进货价格刚好是一美元。所以杂志一刊登出来，订购单就像雪片一样飞来。

其实，切尼并没多少资金，他甚至要用客户汇来的钱去进货。

当然汇款越多，他的亏损便越多。但切尼并不是一个傻瓜，他这样做自有一定的道理。

原来，他寄商品给顾客时，总是附带寄去20种3美元以上100美元以下的商品目录和商品图解说明，再附一张空白汇款单。

这样一来，虽然卖一美元商品有些亏损，但他是以小金额的商品亏损买大量顾客的“安心感”和“信用”。顾客就不会在戒惧的心情之下向他买较昂贵的东西了。

如此昂贵的商品不仅可以弥补一元商品的亏损，而且可以获取很大利润。

就这样，有了第一批客户群，他的生意就像滚雪球一样越做越大。一年之后，他设立一家AB通信销售公司。三年后，他雇用50多个员工，销售额多达5000万美元。

这位先生起初一无所有，可是开始做吃小亏赚大钱的生意，不出几年，就偷天换日般地建立起他的AB通信销售公司。当时他不过是一个29岁的小伙子而已。

价格营销中的“低价诱饵”，并非是无往不利的绝招。随着社会的不断进步，市场上的消费者只会更加聪明而不是越来越笨，市场上的选择只会更多而不会越来越少。营销者不学习进步就无法适应市场上的瞬息万变，社会并不会因为你的不进步就停止运动。

积累知识对一个营销人员来说是一件非常重要的事，因为你的客户来自五湖四海各个不同的地方，每个人的兴趣爱好不尽相同，而共同话题是搭建良好友谊桥梁的关键因素。因此营销人员既需要学习销售产品的专业知识也需要拥有更全面的知识，或许是赛车、股票，或许是旅游、文学，你只要相信你的良苦付出不会白白浪费，你知道得越多你切入话题和订单的几率就越高，因为共同的话题是销售中最根本的润滑剂。因此对于时下流行的话题要有敏感度，要固定阅读报纸杂志，通过上网获取信息以便促进自己的销售事业的发展，谁都喜欢跟一个博学多识的人相处，我们要立志成为一个知识丰富且人人喜欢的人！

因此，一个拥有积极人生观的人才会有积极主动的行为，营销人员首先必须具备正确的理念和态度，方法与技巧都不是唯一，具有一定决心的人会自己创造出适合自己的方法与技巧，假如本末倒置，自然就会有本末倒置的不良后果！

价格营销中的“稀缺原则”

不要以为做成一桩交易很难，也许就在你觉得无望的下一秒，一个交易的机会就会出现在你面前，能否抓住它的关键在于你是否已经做好了迎接它的充分准备！如果你通过自己在销售行业的不断摸索发现销售是需要技巧与方法的，如果你已经通过这些方法在销售领域取得了一些成就，那么当你在回顾以往的每一笔交易经历时，你肯定会对自己曾经付出的种种努力和自己曾经面对的种种艰辛别有一番体会。

对于营销人员来说，价格营销只是多种营销策略中的一种，具体的使用方法灵活多样，需要在不断的实践中慢慢摸索。大道至简，简单的招式练到极致就是不简单。一些最基本的营销原理，也许就隐藏着最实用的营销方法。

俗话说“物以稀为贵”，这其实就是价格营销中的稀缺原理：机会、内容或产品越少，其价值就越大。机会越少，价值就越高。可能会失去某种东西的想法在人们的决策过程中发挥着重要作用。甚至可以说，害怕失去某种东西的想法，比渴望得到某种东西的想法对人们的激励作用更大。

美国富豪约翰逊在美国人眼中，是个颇具传奇色彩的人物。在商业上，他往往是只赚不赔，而且赚得非常狠。约翰逊是个很有商业头脑的人，他能从大家可能忽视的消息中，挖掘出巨大的商机。

约翰逊和许多平常人一样，有着每日读书看报的习惯。虽然他每天的工作都很繁杂，但是每天一到办公室，他就仔细翻阅当天的各种报刊。

1996年初春的一个早上，他像平时一样，翻阅着当天的报纸。突然，一条不显眼的简短信息吸引了他的目光。消息只有一百多个字，说的是墨西哥最近发现了怀疑是牲畜瘟疫的病例。约翰逊敏锐地察觉到这条小消息背后所隐藏的巨大商机。他马上联想到，如果墨西哥发生瘟疫，那么一定会从边境传染到美国的加州和德州，因为那里和墨西哥接壤；而加州和德州是美国肉类的供应基地，假若那里发生瘟疫，那整个美国的肉类供应就会紧张起来，从而导致肉价飞涨。商人的本能促使约翰逊马上行动起来，去收集资料，进行多方面的分析与研究。他立即派人去边境地区调查实际情况。没过几天，派去的人回报消息属实，墨西哥确实发生了大规模的瘟疫，而且蔓延得非常快，已经到了无法控制的地步。经过这个人的证实后，约翰逊迅速集中和筹措了大量的资金，去收购加州和德州的肉牛和生猪，并马上运到远离加州和德州的东部去饲养。

一切都在约翰逊的算计之中，瘟疫在半个月内迅速从墨西哥扩散到美国边境数州。美国政府下令：那几个州的一切食用肉类严禁对外运出，以防疫情蔓延全国。作为肉类供应基地的几大州肉类不能外运，这自然导致美国市场的肉价大幅度上涨。这时约翰逊将他囤积在东部的肉牛和生猪高价出售，只在短短的几个月内，他就净赚了5000万美元。

短缺原理在商业上的应用就更多了，比如告诉顾客某种商品数量有限，不能保证一直有货。值得注意的是，“时间”也是一种资源，所以“截止日期”“抢购”“秒杀”等销售手段，同样能刺激顾客的购买欲望。

同样的道理也可以解释留学界那句振聋发聩的名言：“Deadline是第

一生产力。”

为何短缺原则会产生这样的效果？原因有两点：

第一，人类习惯于用获得一件东西的难易程度来判断它的珍贵程度，一件东西越难获得，它的价值往往也就可能越高，因此，短缺性会刺激我们对其奋力争取。

第二，当某种原本唾手可得的东西变得越来越难得，我们就失去了一部分选择的自由。

人类都有一种维护既得利益的愿望，于是这种不自由的可能性使我们产生了强烈的抗拒心理，从而主动做出某些行动，以避免失去这件东西。

一笔交易的成功确实要经历许多艰难和挫折，而且在之后的交易中，你仍需要面对无数艰难困苦。不过，只要我们相信交易的机会是无处不在的，并以坚定的信念、充满激情的态度、行之有效的方法、机敏的反应以及不懈的努力去面对目标客户，我们就会发现，原来机会一直在我们身边。只要我们知道认真去把握机会以及学会怎样把握机会，这些交易的机会就会属于我们！

价格营销的“折中策略”

在销售活动中，客户的拒绝理由往往不是真正原因。他们拒绝购买的真正原因有哪些？如果他们不想说，那你不妨开动自己的脑筋，将它发掘出来，这对你以后的销售活动大有益处。很多时候，客户拒绝你，也许是因为你没有给他们更多的选择。

如你去买橙汁，下面有两种橙汁可以供你选择：A 橙汁，600ml，12 元；B 橙汁，600ml，25 元。结果显示，各有 50% 的人选择了 A 和 B。下面看另一种情况：A 橙汁，600ml，12 元；B 橙汁，600ml，25 元；C 橙汁，600ml，58 元。此时，选择 B 的人大大增加了，大约有 70% 的人选择了 B，20% 的人选择了 A，10% 的人选择了 C。

这个现象就是“折中效应”，当人们偏好不确定的情况下做选择时，往往更喜欢中间的选项，因为中间的选项看起来更安全，不至于犯下严重的决策错误。很多时候我们买东西都喜欢选取中间的价格，因为太高的，我们自身消费能力有限，太低的，又看不上。这就要求你对自己的人群需要把控好，精准地去进行定价。

折中效应还体现在餐馆的菜单上。我们发现很多饭店往往前几页的东西非常贵，常常是几百甚至几千的奢侈菜品，但是你继续往下翻，看到中间几页时，心里的石头稍稍落地了。

因为你看到不少虽然价格很高但是仍然可以接受的菜，例如 98 元的羊排，80 多元的烧鹅等，你再往后翻翻往往会发现二三十元的家常菜。这个其实也是折中效应，如果你请人吃饭，你肯定会想点二三十的太没面子了，但是几千的又太贵，还是点八九十的吧，不太贵但是又有面子。

当面对营销人员开展的营销活动时，客户通常感觉就是受到了打扰，所以他们的最初反应往往是如何摆脱这种营销活动，而没有去考虑自己是否具有这方面的需求。基于这样的立场，客户有时会先下手为强，他们往往会针对营销人员采取的具体营销方式进行反击，他们总会找出一些看似合理的理由去摆脱营销人员。当客户先亮底牌时，他们的理由形形色色。

情景一　营销人员：“您好，我是××公司的营销人员，我们公司最近新推出一种产品比较符合贵公司的需求……”客户：“不好意思，我们刚刚订购了一批同类产品，以后如果有需要的话会与你们公司联系的……”

情景二　营销人员：“您好，请问您是××公司的×经理吗？我是××公司的销售代表……”客户：“您好，我是×经理，不过我现在正忙，无法与你交谈……”

情景三　营销人员：“您好，这是我的名片，上个礼拜我给您发过去一部分我们公司新产品的相关信息……”客户：“哦，是跑销售的。对不起，我们有固定的购货渠道，所以你不必在我们这里浪费时间，而且我也没有时间奉陪……”

情景四　营销人员：“×主任，您好，昨天上午我给您打过电话，这是我们公司的产品介绍……”客户：“对不起，过几天我们公司需要搬到一个新的地点，等公司安排好之后我们再谈这件事好吗……”

有些客户会选择伺机而动，他们会根据营销人员的具体销售方式采取相应的方式进行反击，在这些客户看来，这种反击可能更加彻底。这类拒绝方式往往会直接针对营销人员的产品和他们所在的公司。

情景一　营销人员：“您好，这里有一款多功能打印机，它比传统打印机更节约能源，而且工作效率比其他的打印机高……”客户：“我不喜欢功能太多的产品，用起来麻烦而且还容易坏……”营销人员：“这款产品用起来非常方便，我可以现场给您演示一下（营销人员进行实际操作）。”客户：“我现在用的打印机操作起来就非常简便，所以没有必要再花钱买一个新的……”

情景二　营销人员：“您好，这款产品虽然有许多功能，而且上市时间短，但是它的销售价格却比其他同类产品更有优势……”客户：“可是我听说（举出一家竞争对手）公司新推出的一款同类产品比你们公司的这款产品价格还要低一些……”

情景三　营销人员：“我们公司良好的售后服务在业内是首屈一指的，购买我们公司的产品您不用担心售后问题……”客户：“如果产品质量糟糕的话，售后服务再好有什么用，每天跑来跑去的不值得……”

情景四　营销人员：“如果您在促销期间购买这款产品的话，我们公司承诺将免费赠送您价值298元的精美礼品一份……”客户：“现在这种产品到处都在降价，没有任何升值的空间，以后可能还会降，所以还是过段时间买比较合适……”

客户在拒绝营销人员的营销活动时往往会找出一大堆理由，不过仔细一想就不难发现，在客户最经常使用的理由里面，大多数时候都是以“价格太高”“没有时间”“售后服务不满意”“产品质量有问题”“已经有这种产品”或者“已经有了满意的供货商”等理由来推脱的。从这个角度出发了解客户最喜欢使用的托词，并将它们牢牢记住，这对于营销人员在日后的活动开展中有非常大的帮助。

规避损失是人类的本性

营销的最高境界，就是能掌控人性。价格营销其实就是针对人性的弱点，采取一些针对性的营销策略，这些策略就像犀利的武器一样见血封喉。

损失规避指一旦人们拥有某物就非常不愿意失去它，人都是害怕损失的。这是因为比起收益带来的快乐，我们更在意损失带来的不快乐。

假如你是一名医生，在一个小村子里工作，现在村子里有600人同时患上一种致命的疾病。目前有两种疗法供你选择：采用A疗法你只能救活200人；采用B疗法，那么有1/3的几率你可以救活所有人，2/3的几率一个人也救不了，你怎么选择？

大部分人选择了A疗法，因为他们更愿意救活数量一定的一群人，而不愿意冒所有人都死去的风险。

同样的小故事，我们接下来换个说法试试：

假如你是一名医生，在一个小村子里工作，现在村子里有600人同时患上一种致命的疾病。目前有两种疗法供你选择：采用A疗法一定会死400人；采用B疗法，那么有1/3的几率你可以救活所有人，2/3的几率一个人也救不了，你怎么选择？

这时候大多数人又选择了B，因为他们不愿意看到400人就这样死去。

同一个问题的两种逻辑意义相似的说法会导致不同的决策判断，当消费者认为某一价格带来的是“损失”而非“收益”时，他们对价格就会非常敏感。

北京市某户全家移民国外，欲出售所居住的高价位住宅，房主要价300万元，并委托房地产中介公司代为办理。该公司接下这一生意后，积极地策划广告，宣传其所处的优越的地理位置、精美的房间布局及其全面的配套设施，很快将房子推向了市场。三天后，出现了一位买主，参观完该住宅的里里外外，对各方面的条件非常满意，却只愿出价200万元，这与卖主的底价整整差了100万元。中介公司无奈，只好回头找屋主议价。经过一阵艰难的协调，屋主最终同意以260万的最低价卖出，如果低于这一价位，一切免谈。售价260万元与买价200万元相比，仍有60万元的价差。鉴于卖方态度坚决，为了促成这项交易，中介公司只好硬着头皮找买方协调。一番艰苦的谈判，买方态度终于有所转变，做出让步，同意再加价20万，愿意以220万元购买。与此同时，为了表示自己购房的决心与诚意，还当场付了10万元的斡旋金。

可就在中介公司与卖主协商的时候，买方跑来中介公司，告诉他们说："两月前，我在海淀区看过一栋房子，位置比这好，面积也大，设施很齐备，只因房主不肯以200万卖给我，几次谈判都没成功，没想到今天下午，他给我打电话说愿意以200万出售给我。既然你们卖主没诚意，那请你们退回那10万元的斡旋金。"

面对突如其来的变故，中介公司的业务员一下傻眼了，对中介者而言，基本上只是个中介性的角色，并无退款与否的决定权，除非屋主接受买方的价钱后，买方又反悔不准备买房，才能将其预交的斡旋金进行没收。而摆在眼前的情况是，一方言明不再降价，而另一方则声称打死也不可能再加价，中介处在夹缝中，真是左右都讨不了好。被迫无奈之下，中介公司只好把这一切转告给屋主，由屋主自行决定。屋主听到消息后，开始琢磨起来了：既然买主有更中意的房子，我何不先答应他？这样他肯定会以200万元买另一栋房子，而我就有权收他的斡旋金，这样就等于本钱下降了10万元，以后再怎么卖都是赚。但赚这10万元的前提是必须接受买方的价格——220万元，即需在原售价基础上再降价40万元；若不愿意降价40万元，在目前房地产市场开始走低、交易不大活跃的状态下，错失了这笔买卖，新买主不知何时再现，也不知是否还会有人肯出220万元的价钱？因事出突然，卖方左思右想，总想不出一个妥善的办法，而买方又以“前房主催问甚急”为由不断给中介打电话，要求赶紧回话，否则应立即退回斡旋金。局面就这样陷于僵局之中。经过两个小时的反复衡量，屋主终于赌博性地同意以买方价格出售，若买方拒绝，则可顺理成章地将这10万元“纳入私囊”。中介公司把这一决定转告买方，买方表面上装出一副无可奈何的样子，申辩着：我其实更想要前一栋房子，但既然你们卖方同意了我的开价，如果不接受这项交易，将立刻损失掉10万元的斡旋金，我也只能买了。

而卖主得知买主真的决定买了，虽然很不高兴，但碍于已经当众答应了，最后在中介机构的协调下，买卖双方终于勉强成交，达成协议。

当决定自己的收益时，人们倾向于规避风险，都有风险厌恶症。而当人们面对损失时，一个个都变得极具冒险精神，都是寻求风险的冒险家。

运用损失规避原则可以增加人们对免费产品的后续增值服务的使用。

例如，你可以在一段时间内免费开放产品的特定功能，到期后，顾客已经对该功能产生依赖，最终只能通过付费来享受这个功能。再比如通过抢购和限时优惠营造的“稀缺感”，让我们觉得如果不参与这个促销，我们就失去了一次机会。而这种“失去感”激励我们想尽办法迅速下单购买。

营销，也是一种艺术。它就像一场交谊舞，营销人员必须能洞悉顾客需求，双方才能灵犀相通、舞出精彩，实现成功销售。营销人员好比是优雅的领舞者，须有超群的“舞技”，才能带动他的舞伴（顾客）跳出精妙舞步。

第九章

营销的终极之道：让商家与客户共赢

价格营销的最终目的绝不是为了欺骗消费者，如果只是为了短期的利益，而损害了与客户之间的关系，靠着“价格谎言”吸引来的客户是不会长远的。消费者越来越精明，他们固然有着“抢购便宜商品”的心理，但对那些“免费午餐的陷阱”也有着很强的免疫力。所以，营销的终极之道，绝不是“损人利己”，而是让商家与客户共赢。

成为客户的贴心顾问

一般而言，在协调性销售过程中，你可以把自己当作一名顾问、一位学者、一个助手以及一位指导老师，但是不管你将自己定位成什么样的角色，最重要的是，你要让自己成为一个问题的解决者。你必须学会不断地向对方提出好的问题，并且聚精会神地聆听他们的心声，然后通过一系列的方法去帮助他们更好地解决遇到的问题。

尤其是当你在向公司营销时，你必须将自己定位成一名“理财专家”。然后向客户营销你的理财思路，专心致志地为客户讲解，当他们购买了你的产品或服务后，他们公司的财务状况将会有什么样的改善。

通常情况下，作为一名顶级营销人员的客户，他们常常会将这些营销人员看作一名专业的顾问。“他们就像是我们的员工，但跟我们的员工有一点不同，就是他们不需要付工资。”客户们经常这样评价他们，“因为我的立场他能够真正地理解。”这同样也是你的目标。

一般来说，在销售初期，如果你对公司一无所知，并且不知道如何开展你的销售工作时，你可以先通过提一些问题来了解目标客户公司的基本情况，比如了解客户公司的销售与支出是如何形成的；成本和费用是如何产生的，以及如何获得利润的。只有把你自己放在公司所有者或执行官的位置上去思考问题，真正地为公司负责，创造经济效益，才能真正地把握目标客户的心理，才能得到目标客户的认可，从而受到他们的信任。

你一旦对你的目标公司或部门的运行状况有了深入的了解，立刻就能找到一种非常恰当的方法来判断你能为他们带来什么经济效益，带来多少利益。此时，你的目标首先应该是向你的客户阐明，你为他们提供的产品或服务给他们带来的利益将远远大于他们所付出的成本。

现在，有许多公司通过使用“内部回报率”来对一项新的投资成本进行评估。“内部回报率”就是指他们通过购买各种新设备所能获得的预期回报。比如，一家公司可能制定了15%的内部回报率。这就表明，如果你想要向这家公司销售产品或服务，就必须向他们保证，你的产品或服务能够为他们带来每年15%以上的回报。只有达到这个标准，这家公司才会考虑是否要接受你的产品或服务。

假设你的产品或服务能够为公司创造更多的利润，那么在同类产品的销售中，它就更能吸引客户购买你的产品或服务，因为从基本的情况来看，它能为公司收回成本，甚至让公司获得可观的利润。

有时候，一部分商务人士会通过“偿还时间”这一重要决策准则来评估一项计划采购或投资是否合理。它所指的就是公司消耗投资成本所需花费的总时间，它是用72除以内部回报率得出来的。比如，如果你的产品或服务能为公司每年节约20%的成本，那么偿还时间就是3.6年。公司每年都会将同样多的时间和同样多的成本花费在不同的投资项目上，然后进行相关比较，看它们可能的投资回报率，最后进行有利的选择。

一般情况下，客户在“偿还时间”这一方面会有四个关心的问题，不管他们是否问到，你都必须做出回答。这四个问题就是；购买投资的成本是多少？投资能为我带来多少回报？多长时间我能收回投资？怎样确信你说的都是真实的？

这四个问题你回答得越清楚，客户就越容易购买你的产品或服务。如果你总是含糊其辞，客户与你交易的可能性就会大大降低。假如你与客户都不清楚投资回报率和偿还时间是多少，那么这笔交易就很难达成。

要想成为一名优秀的理财专家，你需要不断地向客户营销你的理财思路，并且用各种事实来证明你的思路是正确的。如果他们听从了你的建议，并且通过你的建议使他们自己以及公司的目标得到了进一步的实现，那么他们就会将你定义为他们的一名员工，而且是不需要工资就可以帮助他们提高销售、缩减成本、增加利润的谋划者。你需要向客户一再说明，实际上你的产品或服务是“免费的”，因为他们最终肯定能收回成本，并且从中获得更大的经济效益。这就是“水平营销”的重要方法。

要确定客户能从你的产品或服务上获得的投资回报率可以从两方面入手：时间和金钱。你可以向目标客户描述，你所提供的产品或服务会对他们的财务状况进行怎样的改善。思考客户在使用了你的产品或服务后，将会获得哪些直接和间接的经济利益。

确定在市场上哪些客户最能从你提供的产品或服务中获取经济利益，然后将重点放在那些能够最快取得利润的客户身上。竭尽全力采取措施寻找更多这样的客户，并且对他们的“偿还时间”继续关注。

价格营销之艺术品销售

艺术品行业竞争激烈，如何在竞争中取得优势，立于不败之地呢？那就是依靠价格营销术，抓住客户的心理，用十足品味，让顾客对你的商品动心。

你要价格营销客户，使他们接受你的暗示，可以有好多种方法。其中一种方法就是不断地重复。用凿子轻击一块坚硬的钢板，最初什么痕迹也凿不出来，当你不断地重复用力，钢板上就会出现明显的凹痕，甚至被凿穿。

这就是重复的作用。强调其实是就是重复。

当教师的人都知道强调对于学生的作用。学生的大脑经常被五花八门的知识所包围，当灌输新鲜的知识，或要其显示以前的知识点时，教师们往往采用强调的方式，以引起学生的注意。

当领导的也知道强调对于员工的作用。布置一项新任务，或突出讲话的重点时，领导们也往往采用强调的方式。

强调可以是内容上的强调。

当你强调的东西是以前所没有的新的东西时，你可用拖长的语调或一字一顿的方式，达到内容上的强调，也可运用重复的方式。

强调可以是形式上的强调。

当你的话语引不起听者的重视时，你可采用形式上的强调，即特别着重或特别指出的方式以引起他们的注意。

身为艺术品行销员，掌握和运用强调话术是能否顺利完成营销任务的关键。那么，艺术品行销员应怎样运用强调话术呢？主要是内容上的强调。

1．强调品位

艺术品提高生活品位的功用是你对准顾客所需要强调的内容之一。哪一个人不希望自己的生活有品位？生活有品位是每一个人尤其是成功人士最起码的要求。

例如：

张先生，买了这件艺术品后，放在你的客厅里，看上去多么有档次啊！真是有十足的品位啊。

所有的成功人士，都想把自己的家装饰得高贵华丽，如果买了这个商品，你的朋友们到了你的家里，一定会赞叹不已的。

2．强调受人重视

人性最深处的东西是渴望被人赞美与肯定。当你强调准客户在其家人中的地位时，就能打动他的支配权欲。

例如：

张先生，您是一家之主，你买了这件艺术品，你的家人一定会夸奖你的眼光，他们肯定会说这是一个明智的决定。你的妻子肯定会为你感到骄傲，因为你是一个顾家的丈夫。

3．强调累积财富

对所有的人来说，存钱是成功的基本条件之一，但是在那些未曾存钱者的心目中，最迫切的一个大问题是：怎样存钱。你现在告诉他们一个最好的存钱方法：购买收藏艺术品。为此，你可以此为突破口，向你的准客户强调艺术品对于财富积累的意义。

例：

张先生，这件艺术品收藏价值很高，业内人士对它有很高的估价，三年以后，这件艺术品一定会增值。这可真是一件不错的投资呢。

张先生，购买艺术品收藏，是您最好的存储方法。这可是留给子孙后代的一笔不小的财富啊。

4. 强调相同身价

人人都有攀比和追求身价平等的心理。

例：

张先生，这个价位的艺术品，是专门为你这样事业有成、比较儒雅的商人设计制作的，投放市场之后，销售情况很好。

几天前，我拜访了某某先生，他买了同样款式的一件艺术品，并提到你。他相信你也会喜欢这种产品。

合理化建议：

（1）强调以上四种内容时，语气要肯定，缓慢但有力。

（2）有必要时，要重复。

（3）做到有意识强调，引起对方注意即可。

为大客户量身定做特别营销方案

要想价格营销顾客，您必须站在对方的立场上，用对方的眼光来看问题。

艺术品店在前十年左右由于全国的普遍消费水平还不是很高，市场总量增长速度不是很快，介入的商家也因此不是很多。但近几年随着消费总量的上升，越来越多的商家加入或转型到这个行业中来。

这说明一点，艺术品的市场消费前景巨大。可为什么有的朋友引进经营就失败，或者有的正在经营的店面生意清淡呢？原因很简单：你的经营思路、模式、方法有问题，没有人指点，只能凭自己的主观判断来决策，失败是必然的。有的经营多年的艺术品店也出现业绩下滑，是因为店主的经营理念过于陈旧，跟不上时代的步伐，势必会被淘汰出局。艺术品的消费并不是理性消费，而是一种即兴消费行为。

换句话说，各地的市场消费份额是要用你的有特色、时尚、新奇的艺术品来刺激增长的，市场并不是现成的蛋糕等你来分，而是要用你的特色产品、特色经营去把这块蛋糕做大，并从中分到最大的一块。我们推荐开艺术品店是指适合当地市场、定位准确的时尚特色店，并且店主要有现代时尚经营理念和意识，要懂得运用电子商务营销手段。

以德报怨，心平气和面对客户抱怨

人都是不知足的，对商品也是如此，经常会有过高的要求，有些客户甚至希望从商品或者服务上得到“无限”的满足，而这种满足感显然无法成功，因为无论是商品还是服务，他们的价值都是“有限”的。所以，这两者之间就产生了落差，客户发现没有办法完全填满他们的欲望的时候，对购买的产品或者服务便会怨声连连，抱怨自己吃亏上当了。

而营销人员在面对这些轰炸而来的抱怨，一定不要立刻去反驳或者跟客户讲大道理，告诉他们，他们所付的钱买到这些东西已经是非常划算的，因为这种反对话也许会激怒消费者。营销人员要有积极的处理方法，把这种抱怨作为改进商品的建议，当成完善服务的提议。

在面对抱怨的时候，首先一定要以谦虚的态度接受这样的抱怨，如果情况需要，营销人员可以先道歉，无论错是不是在你。当对方“发泄”完心里的不满和牢骚，心情平和以后，营销人员就可以开始慢慢地为自己的产品辩解了，但切记，这种解释一定要合乎情理，切不可夸大、不现实，造成客户的反感。

另外，一定要有责任感，切不可认为此事与己无关，便摆出一副事不关己、高高挂起的态度，或者这件事应该归别的部门去处理，把客户像皮球一样踢来踢去，这是最让人无法忍受的事情。无论是哪个职员，在接到客户的抱怨之后，都要秉承一种谦虚的态度，耐心地听完客户的抱怨，然后转至相关部门去处理。

在处理方式上，不亚于处理一次谈判活动，营销人员要表现出足够的耐心和机敏。一个好的营销人员，不但在处理客户的抱怨，而且为之后更好的合作，奠定基础。

当人处于同一立场时，他们之间便会产生一种相互信赖感，而这种信赖感也存在于客户之间，顾客更容易相信其他顾客的话，因为他们之间有种“同路人”的感觉，特别是在面对同样的商品的时候，客户之间的沟通更能够产生共鸣。所以，营销人员可以抓住消费者之间的共鸣感，借助老客户去攻克新客户。例如，在淘宝网上经常可以看到有些买家晒出自己购买的产品，或者推荐自己买的东西给其他网友，来帮助卖家做宣传。而这种方法不但可以让新客户快速信任你的商品，而且可以促进顾客购买你的商品。

一些时候，老顾客随意的一句话可能比得上你口干舌燥地说好几个小时，这时，你一定要好好利用这句话，向顾客推荐你的产品。

例如，在一次高考复习书的售卖中，有一位顾客会说：“我是来为我的儿子买高考复习资料的，他的同学在您这里买了一套高考黄金试题，说特别好，我儿子一定要我帮他也买一套，所以，我来了。那套书，您这里还有吗？”

于是你说：“有啊。当然有。有很多考生在我们这里买了那套书，都说好。很多人慕名而来买这套书呢，现在想买到真正有用的书可就不容易了。”

这时，当旁边那些正在犹豫是否要购买这套丛书的人，听到这些话以后，一定会纷纷解囊购买的。你觉得在你自己做销售的过程中，平常的努力以及用心的程度够不够，如果你是客户你会不会愿意向自己买东西呢？

这里也提供几个接近顾客潜意识的方法作为参考：

1. 视所有人为百万客户

任何人都有可能提供给你成交的机会，也许不是你现在所面对的客户，而是他所介绍过来的客户，如果他介绍过来的客户下了百万订单，那么介绍你去成交的这个客户算不算是百万客户呢？当然算，甚至他有可能是千万客户，因为他可能只是因为单纯地喜欢你而介绍了好几个百万的订单给你，这样的人可能不能再称之为百万客户了，应该叫作千万客户才对。可是没有人知道这样的一个人是谁，也许你认识，甚至有可能你根本不认识，也有可能就是你下一秒钟即将认识的那个人。

你的态度将影响你的行为，如果你面对每个人都将其视为百万客户，我相信你对每个人的态度都会和现在有很大的差别。任何人都会有这样共同的潜意识需求，希望被人重视，被人尊重，被人赞美，被人喜爱，被人了解，被人用心对待等等，这些需求表面上看起来好像跟百万业绩没有直接的关系，但是这些都会在百万业绩出现的时候发挥力量，而且负面的力量会和正面的力量一样大，这一切都将取决于你平常一点一滴的累积和表现！

2. 从一百个缺点中找出优点

出自于内心的赞美会令人心花怒放，赞美也是人与人之间沟通的润滑剂，尤其是中国人，因为中国人很不容易从嘴巴里说出对人赞美的语言，对自己的客户都是不习惯赞美的，甚至也不习惯接受他人的赞美，因为谦虚是中国人的美德，所以会在心中接受，但是嘴上永远是“哪里！哪里！”“没有啦！没有啦！”

嘴巴上充满诚心赞美的人会获得他人的喜爱，赞美是一种必需的训练，在最短的时间里查找对方可以被赞美的地方更是训练必须完成的目标，赞美的内容可能会是一条领带、一件亮眼的衬衫、流行的发型、新潮的眼镜、精致的办公室、和蔼可亲的态度、很香的一杯咖啡等等。一个失败的营销人员可以从有一百个优点的地方查找缺点而去批评，而一个成功的营销人员可以从有一百个缺点的地方查找一个优点来赞美，这就是一个成功的营销人员为什么会生成不同价值的地方，因为他能够透过赞美而接近客户的潜意识！

3. 对任何事物心存感激

一个对任何事都充满感谢的人，嘴巴上会充满赞美，而相对的一个不懂得感谢的人，嘴巴上会充满批评。其实任何愿意与我们会话的人都应该要获得我们的感谢，因为他们都可能是提供商品销售机会给我们的人。诚恳的谢谢会让人的心中充满温暖，而这份温暖会让客户的潜意识生成力量，所以懂得感恩的人是有福气的人，他的身边会充满机会，以及愿意帮助他的人！反之，一个不懂感恩的人会让客户离开，会让愿意帮助他的人离开，会让美好的机会离开！即使是一个对我们百般刁难的客户都有其值得感恩的地方，谢谢他提供磨炼自己的地方，谢谢他提供改变和进步的方向，谢谢他提供一个难得的机会去练习与提升自己沟通的能力。

有人可能会觉得上面所说的太理想化了，其实并非如此。我是一个销售员，我期待的是成功的销售，在销售的世界里绝对不可能一帆风顺，我必须要完善我的销售态度，提升销售技巧，提高销售的抗压性等等，我如何去提升我自己，这些人是不是提供了最好的训练机会呢？成功的销售其实就是从这些难得的机会中累积而来的，所以他们是真正值得感谢的人。

搭建有效的销售网络

作为一个营销人员，你需要与周围的客户尽可能地结成网络状的人际关系，而不是仅仅满足于与某些目标客户进行单线联系或放射状联系。

对不同类型的客户建立相应的追踪链接

作为一名营销人员，你一定希望自己能够拥有傲人的销售业绩，那你是否想过具体的营销方法呢？比如，搭建一个有效的销售网络。如果你之前不曾留意到这个方法，那么从现在开始，就在此刻，放下手中那些不必马上完成的琐事，认真地想一下，搭建一个有效的销售网络是不是对你的销售事业大有裨益呢？

一个有效的销售网络对于任何一位从事销售方面的人员都具有极为重要的意义——有了这样一个销售网络，营销人员才能从中获得丰富的客户资源。如果营销人员同时能够对自己的销售网络进行科学的管理和有目的的开发，那么深藏其中的客户资源就可以被源源不断地挖掘出来；有一个有效的销售网络作为后盾，在销售竞争中，营销人员就可以更加坦然轻松地面对来自竞争对手的进攻，因为销售网络内的许多客户已经成为你的忠诚拥护者，不可能轻易地临阵倒戈；在这样一个销售网络下，营销人员还可以随时掌握准确而充分的客户信息，同时本公司产品的需求量动向都会及时反馈到你这里，这样就能指导你去进行有效的销售活动，而在不断的销售活动中，你的销售网络会逐渐扩大变强。

那么，如何搭建这样一个对我们的销售事业有着显著意义的销售网络呢？其中，一项必不可少的基础工作就是——针对不同的客户建立起相应的追踪链接。这要求营销人员需要根据不同类型的客户建立所谓的追踪链接。在此过程当中，营销人员需要做好的准备工作如下：

1. 建立科学的客户档案

在对各行各业的营销人员进行调查时，我们发现，凡是那些在各自的领域有突出成就的营销人员，他们无一不拥有自己的客户档案。他们的客户档案里记录着无数客户信息，而且这些信息都会根据客户的信息变动而做出相应的修改，与之同时，这些信息也都处在不断地增加和扩充状态当中。凡是与他们进行过交易的客户，有些甚至是从来没有与他们进行过任何交易、可是却有着相应需求的潜在客户，都能在他们的客户档案记录中找到相应的信息。正是因为有了信息如此丰富详细、管理又如此科学的客户档案，才能让这些营销人员成功并高效地完成一笔笔交易。

对于经验尚浅的营销人员来说，建立一个强效的客户档案并非一朝一夕就可以完成的，这是一件需要长期坚持并积累的工作，这项工作并不像表面上的“仅仅是每天登记拜访的客户”那么简单。一个科学有效的客户档案的建成不仅要求每天详细登记拜访的客户信息，还需要你对这些客户的需求、性格心理、销售过程中的习惯进行自我分析摸索，有时候甚至有必要对客户周围人的情况作充分记录。同时，一个有效的客户档案还需要时时更新和补充，以求能最真实地反映客户的最新动态以及各种相关信息。

2. 对客户进行必要的分类

虽然营销人员可以通过建立客户档案的方式，更全面、更准确地把握客户的各种需求和最新动态，不过，如果营销人员没有按照不同的类别对档案内的众多客户进行必要的分类，就会导致在提取客户信息时效率的大大降低，最终影响营销人员有针对性地展开销售活动。

在对客户进行必要的分类时，营销人员可以根据具体的客户信息以及客户自身独特的销售习惯对客户进行相应的分类。比如，营销人员可以根据客户成交量的多少以及最近的成交量来划分客户。可以进行自我定义，假如年限定为一年，那么在这一年内与你有过交易的客户按照他们给你提供的交易额多少进行由上到下的排名，这可以划分为如下几种客户：超级客户——现有客户中排名前 1% 就是顶级客户；大客户——现有客户的排名中接下来的 4% 就是大客户；中客户——现有客户的排名中再接下来的 15% 即是中客户；小客户——现有客户的排名中剩下的 80% 就是小客户。

营销人员也可以根据客户在成交过程中的态度和他们对产品与服务的满意程度，将客户进行这样的划分：

积极满意的客户——指那些在销售过程中能积极地进行成交并且对你及公司的产品和服务一直保持较高满意度的客户，这些客户在今后很可能会发展成为你的忠诚客户。

消极不满的客户——这类客户又包括三种，一种是指那些在成交过程中表现得一直很消极被动的客户；第二种是指那些虽然已经交易成功，但是却对公司的产品或服务始终不太满意的客户；第三种则是指那些你曾经努力与之交流，但是始终没有交易成功的客户，对于这类客户要注意日后不要拿同类的产品来对他进行营销，否则只能是耗费自己的时间。

或者，营销人员也可以根据客户在市场上的影响力将客户分为如下几类：号召力强劲的领军人物——指能对其他人的购买产生重要影响力和号召力的客户，比如一些重要的知名机构、行业内的指导者和拥有大众信赖度的专业人士；有一定影响力的人物——指那些虽然对大众不具有强劲的号召力，可是却具有相对广泛的人际关系，能够为你带来一定客户资源或主动为你宣传的客户；影响力较弱的人物——指那些人际单一的客户，他们在购买产品之后没有相应的场合向他人传播购买经验和体会。

学会科学的客户管理和精细的客户分类，有助于营销人员在具体的销售活动中把时间和精力花在刀刃上，这样既可以避免做无用功，又有助于我们有的放矢地把握住重要客户。

3. 有针对性地进行追踪链接

对客户的必要分类结束之后，营销人员就需要根据分类结果对不同类别的客户展开有针对性的追踪链接活动了。比如，营销人员需要在成交之后继续保持与占据公司销售份额中大比例的超级客户和大客户的紧密联系，这样就有机会借助他们的力量来获取更多的新客户；或者你也可以对那些满意于公司产品与服务的客户有针对性地实施新的营销计划，还可以主动请他们帮忙介绍新客源；另外，营销人员更应该充分利用手中那些具有强劲号召力和有一定影响力的客户，学会借助他们的力量来不断拓展你的销售网络。

织一张庞大且联系紧密的销售网

如果你已经针对不同类别的客户进行了相应的归类，那在这基础上，你就需要对自己所掌握的各种数据和信息进行有效的整合和统计，然后努力构建一个庞大且联系紧密的销售网络。

1. 保持网络的紧密程度

在一个联系紧密的销售网络里，内部的各种关系最好能够做到相互交叉，否则就很难形成网络的紧密性。为此，营销人员必须尽可能地创造机会，增加自己与网络内各类客户的联系机会，并组织一些活动增加网络内各类客户彼此之间的紧密联系，从而使网络内各连接点的关系得到加强与巩固。

比如，营销人员可以借助公司举办的客户联谊会，邀请一些销售网络内影响力强、需求量大的客户，通过活动来增强彼此间的联系，同时铸就这些客户对公司品牌的信任度和忠诚度。或者，营销人员也可以有意识地利用客户的人脉，通过他们的介绍来吸引更多的新客户，再努力把这些新客户变成对公司忠诚的老客户，如此循环，进而使你的销售网络不断扩充，也使客户彼此间的联系更加紧密。

2. 用一切机会扩充销售网络资源

营销人员必须利用一切机会扩充你的销售网络资源，这样你才能促进一桩桩不断而来的交易，否则仅仅依靠你现有的客户资源，交易机会十分有限。所以，在实际销售活动当中，你要做到以下几点来弥补有限的销售资源：

尽可能访问大量的客户——访问量越多，意味着你拥有的客户资源越丰富。

尽力使自己的每一次访问都具有实效——即使你无法做到每一次客户访问都能为你带来一笔交易，你也不能让自己的访问无果造成时间和精力上的浪费，在这种情况下，你至少要掌握一些重要的客户信息，并且争取给他们留下良好的印象。

从你认为最头痛的客户开始——这些客户虽然难以与你进行交易，虽然难以成为你的忠诚客户，可是，一旦你经过不懈的努力得到了他们的信任，那你从他们那里获得的回报远远比你付出的要多得多。

尽可能地结识更多人——作为一个营销人员，你的销售业绩往往取决于你的人脉宽广与否。你可以通过目标客户的介绍，认识更多的人，纵然这些人最终不见得与你产生合作关系，可他们却能给你带来隐形人脉。

多到目标客户相对密集的地方活动——“到鱼多的地方去打鱼”，你的收获自然会比平时多。比如经常到某些活动俱乐部、到有生意伙伴的经销商大会、到某种产品论坛、到某类技术交流促进会或者到客户组织的研讨会等，都有助于你提高销售业绩。

把你的名片留给更多的人——不仅要把名片留给表面存在的客户，更有必要留给那些看似无关生意的人。这种做法需要花费的成本不仅小，还会给你带来不经意的效果——或许会有你意料之外的人按照名片上的联系方式向你询问有关产品信息。

你首先需要知道哪些客户能够在你的销售网络中有着贯穿始终的作用，然后再对他们进行有效交流，让他们为你的销售网络提供更丰富的客户资源。还有在任何时候都不要轻易放弃那些已经对你、对公司以及对产品和服务感到满意的客户，其实只要你足够努力、对他们足够关心，他们通常都会很顺利地成为你销售网络中的重要链接点。

只与目标客户进行单线联系，最终可能会把自己带入死胡同。与目标客户进行放射状的联系，虽然可以使你拥有比较稳定的客户关系，可是这种单线联系却很容易被各种因素所打破——一旦你的单线客户被竞争对手所吸引，那么你就前功尽弃。

所以你需要利用一切可以利用的机会尽可能地搭建一个庞大且联系紧密的销售网络，整个销售网络内的所有客户资源都紧密结合成一个难以突破的整体，而你就是整个销售网络的核心以及主导者，这样才能充分保证你的客户资源。

时刻做好交易准备

身为一名营销人员，应该时时刻刻为你的销售工作做好充分的准备，即使是在工作时间之外，你也要不放松自己的销售准备，否则当交易机会降临时，你就会任其白白溜走。特别是在与那些已经与你有过交易关系的客户进行沟通时，你更要为他们做出再一次的交易决定做好充分准备。

我们除了要在平时注意各项知识、信息的积累和做好必要的心理准备之外，还要尽可能地增加自己与老客户和潜在客户沟通的机会。那么，我们在工作中如何做好一些细节问题上的准备呢？如下有四点作为参考：

1. 时刻注意自己的言谈举止

营销人员要时刻注意自己的言谈举止，这个细节问题最容易被人忽视，可是这个细节问题也最能反映一个人的修养和素质。如果你能在细节方面多留心注意，那么你就会给客户留下一个好印象，而且它会大大增加你的专业性、成熟性和可信赖性，在无形中就提升了你的人格魅力。如果你平时不注意自己的言谈举止，那么不仅吸引不了准客户主动与你联系，而且在主动与客户进行沟通时，也会困难重重。

2. 抓住老客户身边的人

老客户本身可以带给你很多交易机会，他们也可以帮你介绍更多的客户资源，但是如果你留心观察他们身边的人，比如，他们在生意上的合作伙伴、他们那些影响力较强的朋友或者他的下属等，并与这些人结识且建

3. 到人多的场合活动

营销人员必须要喜欢上人多的场合，因为这种场合可以为你提供更多结识新朋友的机会。哪怕在大多数都是陌生人的场合，营销人员也需要主动与周围的人进行友好交流，不要担心被拒绝、被怀疑——哪一次交易不是从被拒绝、被怀疑开始的呢？

4. 培养和锻炼自己的演讲能力

演讲的艺术是所有销售活动的基石，它对营销人员来说十分重要。你也许有着世界上最完美的产品，而且客户所需要的也正是这样的产品，但是正因为你不能恰如其分地展示它，所以你失去了所有能营销它的机会。而演讲，能让你通过自己的积极状态和坚定信心对客户的情绪进行感染，通过有效的演讲，你的产品将能得到更多人的认同。而你的自信心、沟通能力、产品推荐能力也能在同时得到充分提升。

你也许正在为自己处处碰壁而感到心灰意冷，你有没有想过换一种心态来面对自己的碰壁，你会发现其实交易的机会是无处不在的。如果你一直坚定着交易能成功的信念，并且努力不断开展各种有效的活动来与客户沟通，那么你的下一次交易就在眼前。

千万不要因为过去所遭遇的艰难就退缩不前，更不要满足已有的销售业绩和现有的客户资源，从现在开始你需要做的是，做好迎接下一次机会的充分准备。很显然，做的准备越充分到位，最终实现再交易的机会就越大；如果准备得不够充分，即使机会就在你的眼前，你也只能眼睁睁地看着它弃你而去。